道参天地

任法融書

辛卯孟春

任法融释义经典

道德经释义

（修订版）

任法融 著

人民东方出版传媒
People's Oriental Publishing & Media
東方出版社
The Oriental Press

目录

自序

太上混元，无极大道，万类资始。鸿蒙依次始判，阴阳因之肇分。天宝之以致清，地秘之以致宁，三光承之以高明，五岳从之以得镇，天子得之以致治，国祚赖之以致平。

至真妙道，极而至极，高而无上。天地玄宗，万气本根，包罗宇宙，化育群生。虚无自然，自古及今，其名不去。大寰宇内，遍处皆存，无时不在。无为无形，有情有信。其上不皦，其下不昧。迎不见其首，随不得其后。宇宙根源，运动法则。冥冥造化，天地运度。万物纲纪，造化枢机。生杀本始，神明之府。冥冥无闻，妙用难窥。灵机罔测，神通莫拟。

应之于人，是为理性，纯粹刚正，无坚不摧，入水不溺，入火不焚。圆明寂照，万劫不磨，永无生灭，真空妙觉。日用万事，皆具其理，百般情感，咸仗其性。道物关系，似同水波，水波一体，道物不二。森罗万象，芸芸众生，须臾不离。

帝王将相，得道多助。仕官黎庶，失道寡助。山川动植，有道则生。胎卵湿化，离道即亡。遐迩高卑，贤愚贵贱，长短曲直，美丑清浊，色声香味，包容无疑。

玄之又玄，众妙之门，取之不尽，用之不竭。冥冥造化，玄功无穷。天子皇权，俯首称臣。英雄豪杰，不能抗拒。智谋高士，无计可施。满堂金玉，莫之买卖。

黄老立论，义冠群经，理蔽诸家。自然灾祥，人世臧否，动物寿夭，植物荣枯，兵家胜负，因政治乱，事业成败，人类吉凶，无不备至。

周文孔丘，继道之标，倡明明德，亲民至善，自古及今，被世尊崇。仁义礼智，修齐治平，规范人类。

释宗其妙，禅其空相，不生不灭，不垢不净，不增不减，究竟涅槃，了悟圆觉。道体其本，致虚守静，返情归性，内修达圣，外用为王，与道合真。

任法融

总论

一、引述

老子是我国古代伟大的自然主义哲学家。他的不朽著作《道德经》（亦称《老子》），是一部博大精深、词意锤炼的哲理诗。这部被誉为“万经之王”的神奇之书，像宝塔之巅的明珠，璀璨夺目，照耀着我国古老的文明，对我国古代的哲学、科学、政治、宗教等各方面产生了深远的影响。它无论对于中华民族性格的铸成，还是对于政治的统一与稳定，都起着不可估量的作用。

《道德经》是我国古老文明的智慧结晶，也是一个知识的宝库。它不仅包含着深奥的哲理，而且蕴含着自然科学、社会科学、人体科学、思维科学、系统科学等诸多方面的基本素材，犹如汪洋大海，内容包罗万象。它以罕见的深度、广度和精度而著称于世。它不仅吸引着我国古代万千的学问家为之作注，探其玄秘，释其奥义，而且吸引了越来越多的西方科学家步入这一古老殿堂，探索其中的重大科学奥秘，寻求人类文明的源头，探究古代智慧的底蕴。

古今中外，研究和注释《道德经》的人难以计数，有关著述汗牛充栋。在古代，有从养生方面研究和注释的，如河上公、吕洞宾；有从哲学方面研究和注释的，如唐玄宗、宋徽宗等。他们各抒己见，莫衷一是。在现代，则有从科学和管理等方面研究和解释的。有人认为此书是一部养生学著作；有人认为此书是一部哲学著作；有人认为是一部政治学著作；有人认为是一部兵法著作；有人认为是一部科学著作，等等。众说纷纭。这些理解既有片面性，又有合理性。“道”是浑全之朴，“众妙之门”。从某一侧面来理解，把它当成某一局部的东西，是盲人摸象，显然是片面的。从另一方面看，“道”生成万物，又寓于万物之中，“道”在物中，物在“道”中，万事万物殊途而同归，皆通向了“道”。从这方面来理解，也有其合理的一面。

在现代，一些人根据西方哲学概念，把“道”解释成了“物质”、“精神”或“规律”，这些解释都不符合《道德经》的本义。“道”既不是有形的“物质”，也不是无形的“精神”，更不是理性的“规律”，而是造成这一切的无形无象、至虚至灵的宇宙本根。“物质”、“精神”、“规律”皆是“道”的派生物。“道”是先天一气，混元无极，是宇宙中的能量，是太空的气场，是其大无外、其小无内、至简至易、至精至微、至玄至妙的自然之始祖、万殊之大宗，是造成宇宙万物的原始材料。“可道”、“德”、“下德”都是“道”的派生物。只有正确理解了“道”，才能正确理解“德”，从而以此为钥匙，正确理解《道德经》全书。

从常人的立场、观点和方法，用平常的经验和知识，顺着常规的思路，不可能对“道”的妙谛有真正的彻悟。因而，一般学者，由于未能从“万有”中超脱出来，他们从各个侧面理解“道”，以常识的观点说明“道”，由此偏离《道德经》的本来意义，在所难免。对“道”的片面理解，必然造成对《道德经》一书的歪曲解释，埋没这本书的重大价值。

道教把老子奉为始祖。《道德经》是道教的基本经典，“道”是道教的基本信仰。道是《道德经》一书的核心概念，是《道德经》学说的精华所在。

道教内部对自己的基本经典《道德经》有传统的理解，这种理解和一般人的理解大相径庭。道教对此书的秘机是师傅口授、代代相传的，对其玄理奥义是在修真养性的长期实践中理解、顿悟的。据传，老子百六十余岁而去，他本人就是功夫极深的修炼家。他所阐述的大宇宙的基本原理，只有在人身的长期修炼及直觉沉思中才能彻悟。“道”在天，亦在人；在身，亦在心。

笔者躬身研究道学三十余载，谨研《老子》、《庄子》、《周易》二十余年，对“道”尤为殚精竭虑，悉心研究，在长时间的修持中顿悟。为《老子》作注，是多年研讨、静悟的结果，实非一时之愿，一日之功。在中西文化融合、老庄研究成为热门、道教养生法风靡全球的今天，用道家自己的方法和观点，对《道德经》作出基于本来意义的阐释，把其中的科学精华挖掘出来，使之弘扬于世，为振兴中华文化和促进人类文明进步服务，便是本书的初衷。

《道德经》主要讲了“道”、“可道 ”、“德”、“下德”几部份。笔者认为：“道”和“德”乃是无极图——○；“可道”与“下德”则是太极图——☯。八十一章的全部内容，可以由这两个图囊括无遗。只要理解了这两个图，就抓住了全书的根本，就可以此为钥匙，打开《道德经》这一神秘宫殿的大门，理解全书。

以下从纵横两个方面，用此二图，对“道”、“可道”、“德”、“下德”作一阐释。

二、无极图

《老子》曰：“天下万物生于有，有生于无。”此“无”无形无象，无色无声，无臭无味，无热无寒，无左无右，无前无后，无内无外，无始无终，无边无际，无情无思，无善无恶，恍恍惚惚，杳杳冥冥，无征兆，无端倪，至虚至空，故称“无”。此“无”本来无名，老子勉强把它称为“道”。此“无”即“道”。

古人云：“无极生太极，太极生两仪，两仪生四象，四象生八卦。”此“无极”即“无”即“道”，道家用无极图“◯”表示。

此“◯”并非没有，而是无所不在、无所不备、无所不含、无所不包、无所不能、无所不至。它的实际是“有”，是宇宙万有所从以出的唯一总门，无此则无一切。

“无”即“◯”，含阴阳二气，是阴阳二气的和合与统一。阴阳二气，一正一负，互相吸引，相互补充，必抵消中和为“◯”。因此，“◯”似无非无，此虚无之体只是相对于有色有相事物而言的一种状态、一种形式，是假无真有、假虚真实、假空真物，它是含藏一切的最大的“有”。“◯”不是没有，而是物质的一种初始状态。此“无”在《道德经》书中论述颇多：

一章曰：“无名，天地之始。”

六章曰：“谷神不死，是谓玄牝。玄牝之门，是谓天地根，绵绵若存，用之不勤。”

十四章曰：“视之不见，名曰夷；听之不闻，名曰希；搏之不得，名曰微。此三者，不可致诘，故混而为一。其上不皦，其下不昧，绳绳不可名，复归于无物。是谓无状之状，无物之象。是谓惚恍。迎之不见其首，随之不见其后。”二十一章曰：“道之为物，唯恍唯惚。惚兮恍，其中有象。恍兮惚，其中有物；杳兮冥，其中有精。其精甚真，其中有信。”

二十五章曰：“有物混成，先天地生。寂兮寥兮，独立而不改，周行而不殆。可以为天下母。吾不知其名，字之曰道。”

以上这些生动的论述，都是对“无”、“无极”即“道”的描绘。这说明“道”是纯粹、朴素的物质，但不是普通的常见之物，而是虚无之体，是先天一气。说它“无”，却能化生万物，说它“有”，却视而不见、听而不闻、搏而不得。“道”就是这样一种无形而又真实存在的东西。

“道”的这些体性，被后来的道家人物归纳为“虚无”、“自然”、“纯粹”、“素朴”、“恬淡”、“平易”、“清静”、“无为”、“柔弱”、“不争”十大特征。

这些体性、特征从人身上体现出来，就是“上德”。“上德”是“道”的人格化、伦理化。“道”体现于人谓之“德”。

《老子》曰：“上德不德，是以有德。”又曰：“孔德之容，唯道是从。”

这就是说，最高尚的“德”是自然的、无形的，无迹可睹，无端倪可察，是内在的、含蓄的、不显露的、无意的，而不是人为的、故意的、彰示的、炫耀的、外在的、形式上的。它的特性、功能与“道”相似。道是什么特征，“上德”就是什么特征，二者一脉相承。

“道”的十大特征，“上德”全部具备。“上德”的特征，就是“道”的特征。

“道”和“上德”的基本特征是“无”，用图表示，即是“◯”。这一“◯”无所不在，无所不含，无限圆满，至善至美，是至高无上的本体。

三、太极图

《周易》云："一阴一阳之谓道。"

《老子》曰："万物负阴而抱阳，冲气以为和。"

此是说，"道"含阴阳，是阴阳二气的中和、平衡与统一。"道"分而为阴阳，阴阳合而为"道"。阴阳冲和之气，生成万物。

"道"是无极，阴阳则是太极；"道"是"无"，阴阳则是"有"；"道"用无极图可以表示，阴阳用太极图可以表示。

阴阳二气，互相吸引，相互凝聚，必然生出一层一层的自然万物。自然万物皆分阴阳，植物动物皆分雌雄，人则分男女。气、物、人皆分阴阳。阴阳并立，则为太极""。因而，太极是相反的、对立的矛盾体。

太极之阴阳是对立的、矛盾的，同时是统一的、互补的。这种关系，是对统一的辩证关系的阐述。

《道德经》一书对这种对立统一之辩证关系的阐述，其文举不胜举。

例如：

"有无之相生，难易之相成，长短之相形，高下之相倾，音声之相和，前后之相随。"

这是说，任何事物都由正反两种因素组合而成。它们互相联系、互相依赖、互相渗透、互相补充、互为其根。有正必有反，二者对峙存在，相辅相成。

再例如：

"将欲歙之，必固张之；将欲弱之，必固强之；将欲废之，必固兴之；将欲夺之，必固与之。”这就是说，事物的运动变化规律，是“物极必反，理穷必变”。任何事物达到极端，超过一定的限度，就会走向反面。

宇宙万物由阴阳二气和合而成，阴阳是一对矛盾体，因而，由阴阳二气组成的万物无不包含着阴阳。没有阴阳就没有万物，没有矛盾就没有世界。阴阳即矛盾，太极图是对阴阳之矛盾的总括。

阴阳二气，阳动阴静，阳刚阴柔，阳热阴寒，阳生阴杀，有形有象，有色有声，有臭有味，有聚有散。由此生成的万物，有生有死，有强有弱，可变可化，千姿百态，千变万化，此谓“可道”。因盛衰兴亡变动不居，不能永恒存在，又称“非常道”。

例如：天的冬夏四季，地的寒热五带，物的阴阳刚柔，人的男女老少、生死动静、吉凶祸福，就属于“可道”，因其变动不已，就是“非常道”。

“道”是无形的、永恒的。由“道”生出的有形有象、可生可灭的万事万物，乃是“可道”、“非常道”，亦即太极。

“道”体现于人为“上德”，“可道”体现于人则必为“下德”。“下德”和“可道”一样，是有形有象、可生可灭、变幻莫测的，不是内在的、永恒的、全面的、含藏的真常之德。这种“德”只是外在的、形式上的、局部的、片面的、暂时的东西。“上德”无心为“德”，“下德”有意为“德”，“上德无为而无以为，下德有为而有以为”。

太极图囊括了《道德经》一书中关于对立的、运动的、变化的观点，总括了宇宙万物的基本体性和规律。

四、无极图与太极图

无极即“无”，太极即“有无相生”。

《老子》曰：“有生于无”，“有无相生。”

这就是说，无极生太极，太极归无极。二者是纵向的派生关系。无极是本，太极是末；无极是母，太极是子；无极是源，太极是流；无极是总，太极是分；无极是全，太极是偏；无极是定，太极是变，等等。无极顺而生太极，太极逆而归无极；无极动而生太极，太极静而归无极。一本散为万殊，万殊归于一本。

太极与无极的关系，是纵向的派生关系，太极中的阴和阳的关系，是横向的对峙关系。可以用前者是母子关系、后者是夫妻关系来形容。对于前一种关系，老子主张“复归于无极”，万物“复归其根”，人“复归于婴儿”，社会“复归于朴”，一切复归于本。“见素抱朴，少私寡欲”、“绝圣弃智”、“绝学无忧”以及“致虚极，守静笃”、“抱一为天下式”等，都是主张崇本息末，守母存子，以“道”为本。这样，必能由一统万，以寡治众，“为无为而无不为”，“为无为而无不治”，永远立于主动、不败之地。“道”是全在全备全息全能的，抱守此“道”，必可使人自身得到升华，发生质的、根本的变化，得道成真，成为全新的人。老子所说的“圣人”，是“道”的人格化，是具有道的体性、特征、气质、品格的人，是真正的“得道者”。

《道德经》倡导的“知其雄，守其雌”、“知其白，守其黑”、“知其荣，守其辱”，皆是指从负面走向正面，达到伸展之目的。“去甚、去奢、去泰”、“守柔”、“处下”亦是此意，目的在于“得道”。如果守雄、守白、守荣、守刚、居上、图荣华、享富贵、争名逐利，恣情纵欲，胡作妄为，如此就是失道失德。失道失德，不但百事无成，而且自身会遭到凶祸与毁坠。

《道德经》全书八十一章主要阐述了无极图和太极图及其相互关系，讲了天道和人道的关系，目的在于使人道取法于天道，由太极返回无极，使人回归先天纯粹的本性，使人的自然潜能得到全面的开发和利用，成为道德高尚的人。同时能使社会和谐稳定、国邦振兴、天下太平。

《道德经》五千文，最终归到人，皆在从人的生理、心理、智能、道德诸方面，从根本上解决人的问题。老子发现了“道”，也发现了“人”。人是“道”的代表。“人”得了道并与“道”合一，才能成为一个有益于自然、有益于社会、有益于他人、有益于自身的人。

上篇　道经

第一章

道。

【释义】

道教经典《清静经》曰："大道无形，生育天地；大道无情，运行日月；大道无名，长养万物。吾不知其名，强名曰道。"《道德经》第二十五章曰："有物混成，先天地生。寂兮寥兮，独立而不改，周行而不殆。可以为天下母，吾不知其名，字之曰道。"由此可见，《道德经》所谓"道"，实为阴阳未判之前的混元无极，宇宙之起源，天地之本始，万物之根蒂，造化之枢机。它无形无象，无色无臭，无所不在，无所不备，充塞宇宙，遍满十方，不增不减，永恒常存。它本无形而不可名，但却真实存在。老子为了使人认可它、研究它、掌握它、运用它，故以"道"名。

可道，非常道。

【释义】

混沌初开，阴阳始判，清浊肇分，乾坤定位，是谓太极。在天有日月星辰、风云雷雨；在地有东西南北、山川湖海；天地之间有飞潜动植、人间社会。这些有形有象之事物，皆有生有灭，有成有毁，不能永恒常存。这些可生可灭的万事万物，皆属"可道"的范围。因有形有质，处于变化之中，故谓"非常道"。

名。

【释义】

此“名”指“道”之命名。混元无极大道，无形无象，立“道”为名，此名实为常名。

可名[①]，非常名。

【注解】

①可名：指“可道”之名。

【释义】

“名”由何起？“名”由实存事物而起。名至于实，有物才有名。宇宙间的万事万物，千差万别，各具特性，为了区别它们，才安名立字。由于这些名称概念所代表的事物可生可灭，因而标志它们的名称概念也必然是可生可灭的“可名”。由“可名”代表的万事万物生灭运化、变动不居，故凡“可名”皆“非常名”。

无名[①]，天地之始；有名[②]，万物之母。

【注解】

①无名：无形无象的混元大道，因无形无象，故无名。

②有名：指宇宙天地。

【释义】

“道”之名实为勉强之名。虚无的大道无形而无名，它早于天地而存在，故谓“天地之始”。

天地是指有形有象的具体事物，是最早的实物，其名亦是最早的名。万物由天地而生，故有形有名的天地谓之“万物之母”。

常无欲①，以观其妙；常有欲，以观其徼。

【注解】

①常无欲：指未被后天情欲凿丧的先天体性，至清至静，在杳杳冥冥之中能洞观万物至微至妙的造化之机。

【释义】

“常有欲”者，是指先天的虚无体性已动，变为后天的情欲。心智可以思虑的，耳目可以见闻的，均属事物粗糙的形体和外壳——徼。

此两者①，同出而异名，同谓之玄。

【注解】

①此两者：一是指至清至静的先天性体，生化天地万物的虚无妙气，二是指后天有心有念的情欲，天地万物的终成之徼。

【释义】

两者名虽不同，却均由先天虚无的混元无极所生。物之始生之机为妙，物之终成之体为徼；人心静之为性，动之为情。两者同出于宇宙的本源——无极大道。

玄之又玄，众妙之门。

【释义】

无征兆、无端倪、无形象、无边际，至为深远者，谓之“玄”。至微又微、至远又远、至隐又隐，无法估量者，谓之“又玄”。玄之又玄、深不可测的虚空之中含藏着生育之机、万化之妙，万事万物及其运行变化莫不由此而生出，故此真空妙相谓之“众妙之门”。

第二章

天下皆知美之为美，斯恶已；皆知善之为善，斯不善已。

【释义】

此章主旨，在于讲“道”的辩证内涵。

天下事物，在表观上总是分为真、善、美和假、恶、丑两个对立的方面。然而任何事物或善或美、或恶或丑都具有两重性和可变性，都是相对的而不是绝对的。它们可以“正复为奇，善复为妖”。美的可以造成恶的结果，善的会造成不善的影响。和氏璧人皆知其美，然而，正由此美引起了秦、赵相诈而兴兵，以致为残生伤性之不美。金无足赤，人无完人。任何美的和善的事物，本身都包含着不美不善的一面。一切事物都处于运动变化之中，美会转化为不美，善会转化为不善，乃是大道运化之必然，亦是事物发展之规律。把美的事物当成永恒的美，把善的事物视为绝对的善，必然事与愿违，导致恶的、不善的结果。

故，有无之相生，难易之相成，长短之相形，高下之相倾，音声之相和，前后之相随。

【释义】

大道周流六虚，变动不居，循环不已，周而复始。虚空可生出万物，万物可散而归于虚空。物从虚中生，有从无中来。无可化为有，有可化为无。有无永远处于相互转化之中。

治国兴邦，发展事业，乃至行万事，必须慎终如始。多从困难处着想，不可掉以轻心，草率从事。如此，难可化为易。反之，若只想顺利，只图侥幸，不做好克服困难的充分准备，易也会转化为难。难和易不是一成不变的，而是相辅相成、相互转化的。

事皆有别，物各有形。长和短是在相互比较中体现出来的。无长则无所谓短，无短亦无所谓长。

高以下为基，贵以贱为本。无下则无高，无高亦无下。二者相辅相成。

“音声之相和”、“前后之相随”，亦如前理。

是以，圣人处无为之事，行不言之教。万物作而不辞，生而不有，为而不恃，功成不居。夫唯不居，是以不去。

【释义】

因此，体现真常自然之道的圣人，他们明晓天地万物之理，深知自然运化之机，而能使自己体性合于大道，因任自然，清静无为，以德化民，不施酷政，正己化人，使人民不知不觉地处于浑厚的淳风之中，并非不让百姓有知见而故意使庶民愚昧。

大道虚无自然，清静无为，生化万物而不推辞，创造了万物而不据为己有，不自恃己能，不居功自傲。由于不居功，它的功绩才永远不会被埋没。

非但国政、朝臣不宜居功自傲，即使一个普通的人在日常处世交往中，对某人施有恩惠或有帮助，本应是一件让对方感恩戴德的善事，如口口表白，念念不忘，会使受惠方不但不感恩，还会厌恶。由此可见，无论国事家事，都不宜居功自傲，如此，方可永久保持其功绩。

大道具有如此伟大的品质，法天地自然之道的圣人，亦应具备如此品质，造福于人类而不求回报。

第三章

不尚贤[①]**，使民不争**。

【注解】

①不尚贤：指不人为地标榜贤才。

【释义】

《庄子》说："在朝廷者，论爵位之高低；在宗庙祭祀时，以尊卑次序而排之；在乡邻行处者，必以年龄大小而定其称；在承办事业中，则只推崇贤能者。这是自然之序，非有意作为也。"崇尚贤才，是自然而然的。若有意标榜，人为树立，必使人们争名逐利而不务实际，坐享其成而不做贡献。贤名为形式障蔽，为投机者所用，必失其真，流于虚名，贻误国家，危害社会。

不贵难得之货，使民不为盗；不见可欲，使民心不乱。

【释义】

金玉珠宝，是谓难得之货。本已珍贵，若再加提倡，必然促使人们去行盗。这说明人为地加尊于某种东西，必然导致不良后果。浓妆艳抹，卖弄媚姿，显其丽色，必惑人之本性，乱人之常心，触人之邪念，诱人之妄行。

同样道理，为政者若彰荣华、显富贵、扬虚名、倡奢靡，亦会惑乱民心，上行下效，弊病四起，紊乱纲纪，国政腐败。

是以圣人之治，虚其心，实其腹，弱其志，强其骨。常使民无知无欲，使夫知者不敢为也。

【释义】

因此，圣人心地纯素，不留一物，性体圆明虚朗，不甘陷入虚华的尘网之中。他们恬淡无为，心虚意静，柔弱谦和，不与物争，敛华就实，神凝气聚，精全髓满，自然百病不生，身康体健。

若使人们保持淳朴的自然之性，不炫机智，不尚狡诈，返朴还淳，乐享天真，贤愚与贵贱相忘于德化之中，少数尚狡诈者，自然不敢妄为。此乃以德化民之方，而非愚民之策。

为无为，则无不治矣。

【释义】

道的体性是无——无形无象，无声无色，不阴不阳，不上不下，空空洞洞，杳杳冥冥，恬淡无为，似有非有，似无非无，一切皆无。然而万类咸仗，群生皆赖，无所不生，无所不造。

这说明“道”的体性和功能是无为而无不为。

以此类推，人若法天地自然之道，使其体性合于大道，虚无自然，无私无欲，无执无偏，恬淡无为，以“道”的“无为”原则修身治国，必可无所不治，无所不达，修身身康壮，治国国太平，收到最佳之效果。

第四章

道冲而用之，或不盈。

【释义】

道这种虚无妙气虽无形象、无端倪、不可见，却无所不在，无所不备，体性圆满，妙用无穷。

渊兮，似万物之宗。

【释义】

它深不可测，广不可量，似有非有，似无非无，却是万物生化之母，主宰万物的宗主。

挫其锐，解其纷，和其光，同其尘。

【释义】

不显聪明才智，不露棱角锋芒，犹若浑圆之球体。万事万物，莫不有对，大千世界，无处没有矛盾、没有纷争。道则如和气药、润滑剂，处处起消除矛盾、和解纠纷之作用，造成宇宙的和谐与统一。

天下事物，阴阳刚柔，美丑善恶，是非曲直，各具其性。道则含光内敛，体性圆明，在方为方，在圆为圆，在美为美，在丑为丑，超脱一切，又内涵于一切事物之中，不局限于一个方面。

湛兮，似或存。吾不知谁之子，象帝之先。

【释义】

大道之妙气无形象、无方位、无终始，好像根本就不存在，其实它是的的确确存在的宇宙本根。

这说明道是自古以存、自根自本的自然存在物。

第五章

天地不仁①，以万物为刍狗②；圣人不仁，以百姓为刍狗

【注解】

①不仁：无心仁慈，无意偏爱。

②刍狗：用草扎成的狗，上古时所用的祭祀品，人们对它并无爱憎。

【释义】

天地无情感、无意识，对万物无所谓仁慈和偏爱，纯任万物自运自化、自生自灭。《阴符经》云：“天生天杀，道之理也。”亦是说天生万物并非因为爱，天杀万物亦非因为恨，而是自然运动变化之规律。天道运行，四时成序，阴阳消长，其中自有生杀之机。春夏到，阳长阴消，万物应时而生长；秋冬至，万物应时而收藏。此皆自然之道，而非有意作为也。

圣人法天地自然之道，治国理民，以无心为仁，不以自我意志强加于天下。人若无私无为，内充道德，处之以柔弱谦恭，必得人钦崇而尊之；反之，如人内失其德，处之以骄肆强暴，必为人厌弃而辱之。圣人无偏爱，无私情，开诚布公，替天行道，对王公贵族和庶民百姓一视同仁。

天地之间，其犹橐籥①乎！虚而不屈，动而愈出。多言数穷，不如守中。

【注解】

①籥：风箱，此处取中空之意。

【释义】

《庄子》曰："天籁，地籁，人籁。橐籥和籁因中空，其中有自然之妙用，动则声生，静则音止。"动可吹出无穷无尽的曲子，静则无声无息，一切为零。天地之间中空犹如橐籥亦如籁，静则无声息，动则生万物，千变万化永无限量。

言辞再多，亦有不尽之处。橐籥既空，发气无穷无尽。既知此理，不如致虚守静，不言守中。

此章主旨在于讲中虚之妙用，说明中虚具有无限生化之功能，守中抱本可"枢始环中，以应无穷"。至虚的真空妙气潜藏着无限生机，永远不会衰竭而永存不灭。

第六章

谷[①]神[②]不死，是谓玄[③]牝[④]。玄牝之门，是谓天地根。绵绵[⑤]若存[⑥]，用之不勤[⑦]。

【注解】

①谷：空虚之意。

②神：变化的妙用。

③玄：指虚无自然之无极。

④牝：指其中隐含着阴阳二气的太极，也是指天地万物从无到有的一个阶段。

⑤绵绵：连续不断的意思。

⑥若存：似有非有，似无非无的意思。

⑦不勤：是其造化之机自然而然，不求而得，不为而成的意思。

【释义】

太空是虚无之体，变化的妙用确是不生不灭，不计年劫多少，永无止期，故称“不死”。

无极一动是太极，太极一静是无极。这是宇宙从无到有、从有到无而演化的纵向关系。无极一动，化为太极。太极中含着阴阳二气，二气合和，化生万物。

无极与太极的一动一静，是天地万物的总根，其中的造化之机，连续不断，自然而然，万汇品类，无不由此而始生。

至虚的真空妙气潜藏着无限生机，它永恒存在而不会泯灭，它是生化天地万物的大母。这一生化万物的大母，是天地所从以生的宇宙本根。它虽空洞杳冥，无形无象，其妙用则无穷无尽。

第七章

天长地久。天地所以能长且久者，以其不自生，故能长生。

【释义】

天能长生，地能久存。天地所以能长久存在，是因为天地没有私情欲望，其运作不为己，无心自求长生，所以能够长生。

是以圣人，后其身而身先，外其身而身存。非以其无私邪？故能成其私。

【释义】

圣人法天地不求生而长生的自然之道，处事谦让柔弱，把自身置于人后，而自然为人拥戴于先。使自身置之度外，舍己为人，不求身存，自然得到万民的敬仰和保护，终身有保。这充分说明，只有无私，才能成其私（成就自己）。

此章的大意是借无私无情，更无意求其长生，反而能得到长生久存的道理，倡导人类亦应如此，顺其自然，无私无为不求其荣贵而处先，不为自我身存而贪其厚享，事事为国为民，时时为天下生灵，把己身置之度外。如此日久，德望日重，万民钦佩。

第八章

上善若水，水善利万物而不争。处众人之所恶，故几于道。

【释义】

最善的事物莫过于水。无水，则不能产生芸芸众生的生命世界；无水，任何生物都不能生存。水生育万物，滋润群生而与物无争，不求后报。它柔弱温顺，总是处于为人们所鄙弃的最低下的地方。所以，水最相似于道。

居善地，心善渊，与善仁，言善信，政善治，事善能，动善时。

【释义】

常言道："人往高处走，水往低处流。"人总是喜欢媚上欺下，攀龙附凤，青云直上，而水则总是流向低凹的、最安全的地方，无倾覆之患。

人心总是有私心杂念、七情六欲之烦扰，而水静则清澈湛然，无色透明，无混无浊，可鉴万物。若心灵之善渊。

水善养万物，施恩不求报。植物皆沾滋润之恩，动物咸获饮食之惠，此乃仁慈也。

水利万物，诚实和顺，无假无妄，表里如一，是谓："言善信。"

水之为治，若大匠取法，以"平中准定上下"，不左不右，不偏不倚，对万物一视同仁，最为公平，是谓"政善治"。

水理万物，能力非凡。去污洗浊，攻坚克固，行船渡筏，兴云致雨，生物育人，功用不可估量。此乃“事善能”。春夏温热，万物繁衍，最需要水。此时，水则蒸云降雨，滋润群生，降温祛暑。秋冬渐寒，万物成藏，水则结为坚冰，凝为霜雪，覆盖大地，恰若天被，保护生灵，遮风御寒。此乃“动善时”。

夫唯不争，故无尤。

【释义】

水之体性，虽有以上“七善”，但皆出于自然，与物无争。所以，水才没有过失。

此章以水喻道，也说明进道之人所应具备的品格。

第九章

持而盈之，不如其已。揣而锐之，不可常保。金玉满堂，莫之能守。富贵而骄，自遗其咎。

【释义】

“满招损，谦受益”，此乃自然之理。器盛物过于盈满，必有倾失之患；器物中空，则可容物受益。既知盈满易失，不如宁欠勿足，适可而止。

刀剑磨得过于锋利，最易锉钝，伤其锋刃。人若锋芒毕露，亦必受挫，不得常保。

人皆是一个脑袋两只手，虽其体智有别，收益有异，由劳动挣得的收益，不会悬殊太过。不劳而获，以至金玉满堂，必有不义，这些金玉必招祸患，不能常保。

身处富贵，最易骄肆。须知富贵而骄，必遭众人所恶，咎祸自出。

功成名遂，身退，天之道。

【释义】

既知过盈有倾失之患，锐利不可常保其刃，金玉满堂无法守藏，富贵而骄必遭祸殃，万事万物“过犹不及”，那么，功成名遂，已达顶点，退身于外，也就是理所当然的了。只有这样，才能善终其功，善全其名，避免咎祸。

第十章

载[1]营魄[2]抱一，能无离乎？

【注解】

①载：元神元精同载于一车（喻搏入炉鼎之内），含有抱一不离、互为运转之意。

②营魄：指魂魄，实指人身中的元神和元精。

【释义】

此章中心在于阐明修真养性的要旨。元神属阳，轻清易飞而上行，元精属阴，重浊易凝而下行。二者相反而互补。先天元神本为清静，因后天欲念所扰而散乱不安。若祛除妄念，清心寡欲，则神自清静，元精也会自安。

道教丹经《悟真篇》第一首诗云："先把乾坤为鼎器，次将乌兔药来烹，既驱二物归黄道，争得金丹不解生。"这也是说炼养时必须首先在体内安炉立鼎，"锻炼精华"，使魂魄合和抱一，聚结成丹。此可谓"清静真一，不二法门"。

专[1]气致柔，能如婴儿乎？

【注解】

①专：指专一之意。

【释义】

常人因私欲妄念所扰，心神散乱不能专一，在无意之中导致其气粗暴、神气不合、母子失守、阴阳不交、坎离分居、先天与后天脱离关系。因此，人在炼养时，必须心神专一，调和呼吸，由粗浅到深长，由强硬到柔和，若初生之婴儿。

涤除[①]玄览[②]，能无疵[③]乎？

【注解】

①涤除：洒扫清除之意。

②玄览：洞观无碍之意。

③疵：弊病。

【释义】

欲修真养性，必须清除心界一切杂念，使先天圆明的体性重现。《清静经》中说：“常能遣其欲，而心自静。澄其心，而神自清，自然六欲不生。”又说：“净扫迷云无点翳，一轮光满太虚空。”皆强调修道之人的首要功夫是清静神心，还其人之先天本性，洞观无碍。

爱民[①]治国[②]，能无知乎？

【注解】

①民：此处指人身中之精气。

②国：指大的整个躯体。

【释义】

爱惜精气，强健身体，必须从自然无为入手。无为自然心虚，心虚自然神凝，神凝自然气聚。神凝气聚，自然精气自调，百骸自理，九窍通畅，六腑调泰，五脏清凉，内无忧伤，外无邪侵，身康体壮，精足神旺。

天门[1]开阖[2]，能为雌[3]乎？

【注解】

①天门：指人的心渊性海。

②开阖：指一动一静。

③雌：指柔和清静。

【释义】

先天性动（开），后天情欲即生。后天情欲静（阖），先天之性即现。人生天地之间，必然运心应物。然而，在举心运念时，不能让情欲障蔽本性，而应以清静无为处之。《清静经》曰："真常应物，真常得性，常应常静，常清静矣。"

道教养生要义《吕祖百字碑》云："真常须应物，应物要不迷；不迷性自住，性住气自回。"

这些都强调，修真养性的根本在于"守雌"、"清静无为"。

明白四达，能无为乎？

【释义】

心渊纯净，不被情染；性海圆明，不为物牵。犹若皓月当空，无处不照，无处不明，此可谓明白四达。

生之，畜之，生而不有，为而不恃，长而不宰，是谓玄德。

【释义】

心性与天地同体，清静圆明，无为而化，生育万物，不以为自有；顺自然施化，不以为己之功；虽为万物之长，而不自以为主。此谓深不可识、高不可稽、广不可量、远不可睹者之上德。

第十一章

三十辐，共一毂[①]，当其无，有车之用。

【注解】

①毂：车轮中心穿轴之孔。

【释义】

车的轮、轴等只是单独的实体，唯有插轴之孔是车的至为关键的实用处。若无此小孔，整个车只是无用之物。

埏埴[①]以为器，当其无，有器之用。

【注解】

①埏埴：水土和泥，用泥做成的器。

【释义】

壁、底、盖等实体均为器皿之要件，只有其内的中空处才是盛水藏物的实用部分。无此中空，器皿则无用。

凿户[①]牖[②]以为室，当其无，有室之用。

【注解】

①户：门。

②牖：窗。

【释义】

房屋的墙壁、顶盖等是实体，而其门窗和室内中空部分才是其实用处。内部之中空和门窗的虚无部分，只有通过其实有部分才有实用。无内部之中空和门窗之通口，房子则无用。

故，有之以为利[①]，无之以为用。

【注解】

①利：藉依。

【释义】

以上三例说明：事物由有与无、实与虚两部分构成，其中的虚无部分只有通过其实有部分才能有实用。所以实有部分只是藉利，而虚无部分才是实用。由此可以说明，有与无二者，虽然互为利用，但不可否认“无”的特殊作用。

此章主旨是借用车、器、室的中空部分为三者的实用之处，三者外壳的实有部分，只是藉利的实例，来阐明宇宙万物柔能克刚，弱能胜强，虚空之中，更有无穷的妙用。人身尤为显著，人身的肢体外壳为藉利，身中的一点虚灵不昧才是实用。五官七窍，更是起着全身的主要作用。

第十二章

五色令人目盲；五音令人耳聋；五味令人口爽；驰骋[1]畋猎[2]令人心发狂；难得之货令人行妨[3]。

【注解】

①驰骋：纵横奔跑。

②畋猎：骑马狩猎。

③行妨：贼害。

【释义】

大道玄虚幽冥，无声无色，无臭无味，此乃道之真体，为生化万物之本根。五色、五音、五味，虽出之于道，却是粗浅而外在之枝末。人之心性若为外在之末所障蔽，则不能知其本。虽目能视、耳能闻、口能尝，实则盲、聋、爽矣。故不可追求外在之末，而应体悟并抱守纯素清淡的内在之本。

人的先无本性是虚静清明，无贪无欲的。狩猎之人，整日驰骋奔逐，放荡不羁，其心必狂，如此就失去了虚静清明之本性。

难得之货最能诱人之邪念，勾人之心魂，使人行为不轨，做不德不义、祸害国民、陷己伤人之事。

是以圣人为腹[1]不为目[2]，故去彼取此。

【注解】

①为腹：注重修持内在之德性。

②为目：是忘本逐末，迷于外物，求其虚华。

【释义】

得道之圣人总是注重内德的修养，而非心神奔逐于外。因此，正确的态度应是重内德，重纲本，求实用。

第十三章

宠[1]辱[2]若惊。贵大患若身。何谓宠辱？宠为下，得之若惊，失之若惊，是谓宠辱若惊。何谓贵大患若身？吾所以有大患者，为吾有身。及吾无身，吾有何患？

【注解】

①宠：是指偏爱、褒扬。

②辱：责罚、贬斥。

【释义】

受到偏爱、褒扬或责罚、贬斥就惊慌失措。什么叫“受宠若惊”？其实，受宠并不光彩，而是低下的。得宠或失宠就惊慌失措，叫做受宠若惊。

得宠或失宠就惊慌失措，恐惧不宁，像大祸临头一样。什么叫做“贵大患若身”？是因为把个人看得太重。如果不把自己的名利、地位、虚荣等看得太重，而能淡然处之，不当回事，还有什么惊慌失措的必要和大祸临头的感觉？

大道无情，天地不仁，本无宠辱。加于人的宠辱全是情欲之所致，如能保得常清常静的天真本性，宠辱不必理会，哪有若惊的现象？所谓遇宠辱而感惊慌者，是因为人们把自我虚荣声名看得太重的缘故。

故，贵以身为天下，若可寄天下；爱以身为天下，若可托天下。

【释义】

所以，自以己身为尊贵，其心志趋攀于高贵名显之境者，犹若把自身寄给了天下。自以己身为重爱，其意念沉溺于名利地位之地者，等于将己身托付于天下。此两者皆不合道，非长久之计。只有以虚静恬淡自守，忘乎自我，忘乎贵贱，超脱荣辱，才是全身之计。故本经第五十六章中说：“故不可得而亲，不可得而疏，不可得而利，不可得而害，不可得而贵，不可得而贱。故为天下贵。”

第十四章

视之不见名曰夷①，听之不闻名曰希②，搏之不得名曰微③。

【注解】

①夷：平易。

②希：少。

③微：细小。

【释义】

大道本是纯粹、素朴、无色之元气，又是清静、自然、无形之虚空。故以目视而无色可见，是真色无色；以耳听而无声可闻，是谓大音希声；用手触摸而无物可得，是谓大象无形。

此三者，不可致诘①，故混而为一。

【注解】

①诘：用语言询问的意思。

【释义】

无色可见，无声可闻，无物可搏，此三者，只可心悟，无法听闻与触摸，难以用语言互相咨询。所以“夷”、“希”、“微”三者是混成一物。

其上不皦①，其下不昧②，绳绳③不可名，复归于无物。

【注解】

①皦：洁白发光。

②昧：黑暗昏冥。

③绳绳：是连续不断。

【释义】

独立无偶的混元大道，是虚明静体，它不上不下，不明不暗，阴阳由此而判，清浊由此而分。所以，在上而不见皦皦之光明，在下而不觉昧昧之黑暗。连续不断，无法命名。它“色即是空，空即是色”，不是一个具体的物象。

是谓无状之状，无物之象。是谓惚恍。

【释义】

它似空不空，无形无状，无体无象。可谓恍恍惚惚，杳杳冥冥的真空妙象。

迎之不见其首，随之不见其后。

【释义】

道在九霄之上不为高，在六极之下而不为低，在上古之先就存在，将来永远不毁灭。它无头无尾，无前无后，三界十方遍处皆是。所以，行之于前，而迎不到首，随之于后，而见不到尾。

执古之道，以御今之有。

【释义】

如能执持先于天地的亘古之道，就可以支配驾驭有形有象的万事万物。

能知古始，是谓道纪。

【释义】

首章讲的“无名，天地之始”，五十二章中讲的“天下有始，以为天下母”，此章讲的“古始”均是指无极大道。大道虽无形、无情、无名，但能生育天地，运行日月，长养万物。所以，无名的道，是天地万物的本始和纲纪。

第十五章

古之善为道[①]者，微妙[②]玄通[③]，深不可识。

【注解】

①道：善进道修德者。

②微妙：隐显莫测。

③玄通：对天地万物的情理“洞观无碍”。

【释义】

有道之士，体道自然，恐惧乎其所不闻，戒慎乎其所不能睹，潜修密行，韬光养晦，恬淡清静，不言而教，不为而成，是谓“深不可识”。

夫唯不可识，故强为之容：

【释义】

就因为常人不识有道之士的修持，所以给予他们勉强的形容。

豫[①]若冬涉川；

【注解】

①豫：忧虑，亦是事先戒慎而有准备的意思。

【释义】

如《周易·既济》象曰：“水在火上，君子思患，而豫防之。”有道之士，处事接物，谦恭谨慎，不敢肆意妄进，就像冬天履冰过河一样，时时小心，步步谨慎，唯恐冰凝不坚，一足踏陷入水中。《论语·泰伯》中说：“战战兢兢，如临深渊，如履薄冰”与此义相近。

犹若畏四邻；

【释义】

有道之士，心德纯全，动静自然，处处谨慎小心，无论独居一室，还是行于野外，他们举心运念，一言一行，唯恐违背天道，逆物失理，犹如四邻在身旁监视一样。

俨若客；

【释义】

有道之士的行为，端方正直，严肃认真，常常好似宾主互相恭敬一般。

涣①若冰将释；

【注解】

①涣：散解之意。

【释义】

有道之士，处于尘俗之中，贫而不谄，富而不骄。不贪不染，不留不滞，其心性如冰之遇阳光，融化而不留任何形迹。

敦兮，其若朴；

【释义】

有道之士的本来天性，未经人间世情历练，与人相处出于真诚之心，与物相接本着忠厚之意，如同木之未雕，朴然浑全。

旷[1]兮，其若谷；

【注解】

①旷：空虚宽广之意。

【释义】

有道之士，心地虚明，胸襟开阔，没有贵贱之分、上下之别，就像空谷一样，无所不容，无所不纳。

浑[1]兮，其若浊。

【注解】

①浑：浑然一体，没有任何分解之意。

【释义】

在本书第四十九章中，“为天下浑其心”者，亦是此意。有道之士，性体圆明，湛然清澈，处于万物之中，与天地浑然一体。民之所乐而乐，所忧则忧，和光同尘，没有任何分别。

孰能浊以静之徐[1]清？

【注解】

①徐：缓慢。

【释义】

人的天真本性一动，贪求世味就变为后天的七情六欲。心念趋于尘沦之中，是为“浊”。谁能除尽后天七情六欲，荡尽尘俗一切污浊，使其心宁静呢？只有返回先天的虚明性体，就如浊水缓慢而静，才能澄清而重现。所以，有道之士，身虽处于尘俗之中，其性顺物而自然，不染不着，不滞不留，相似浑浊一样，其性体常住。

孰能安以久动之徐生？

【释义】

此句是讲命宫的调养。有道之士，身虽处于世俗之中，其心不被世情染着，举止自如，长顺自然，其身自安。安之久而心自定，心定而神自清，神清而性自静。如此这般，人身的真气自然缓缓而发动，时空法轮自然常转。

保此道者不欲盈①，夫唯不盈，故能弊②不新成③。

【注解】

①不欲盈：虚心自敛，隐迹韬光之意。

②弊：指破旧。

③新成：世俗所谓功名成就、荣贵显达、赫赫显示之意。

【释义】

有道之士，常保其虚心自敛，隐迹韬光居于“为而不恃，功成不居，长而不宰”的清静平易之境。相似破旧，没有“新成”一样。

第十六章

致虚极，

【释义】

“虚极”者，是混元无极大道之体，是天地万物之极。用何以至于至虚，必要“内观其心，心无其心；外观其形，形无其形；远观其物，物无其物。三者既悟，唯见于空。观空亦空，空无所空。所空既无，无无亦无；无无既无，湛然常寂。寂无所寂，欲岂能生？欲既不生，即是真静”。如此这般可悟大道的虚无之体。所谓“致虚极”者，即是此意。

守静笃[①]。

【注解】

①笃：纯一浑厚，不动不易。

【释义】

静而至静者，是混元无极大道之性，造化之枢机，品汇之起始。常人不能体悟者，盖因时动妄心，以惊元神，著万物而生贪求，因贪求以致烦恼妄想，忧苦身心，便遭浊辱，流浪生死，常沉苦海。由此障迷自性，时在昏冥、盲聋之中。欲悟大道体性者，唯有专心致志，抱一笃守，寂然不动，方能体悟大道的清静之性。

万物并作，吾以观其复。

【释义】

人的心机始张，七情恣妄，知见炫露，犹如天地间的万物品类，互为峥嵘，参差并作，忘本逐末，不知返本复命，故有生死之不常。吾独以知七情皆为幻妄，故以返情归性，复守其初，永顾其本。《道德经》五十二章中说："天下有始，以为天下母。既得其母，以知其子。既知其子，复守其母，没身不殆……用其光，复归其明，无遗身殃，是谓袭常。"又如《周易·复卦》云："初九，不远复，无祗，悔，元吉。"此以卦爻论之，因初九阳刚，而处于复卦之初，是迷而不远，有立即复本之意。以上均和本章此段经义相通。

夫物芸芸，各复归其根。归根曰静，静曰复命。复命曰常。知常曰明。

【释义】

宇宙万物虽然复杂万端，但终会复归于寂静虚无的本初。现以人的性情尝试论之：人的本性，为各种情态的命根，如性一动，就有喜、怒、哀、乐等情之出现，忧虑、感叹、恐怖、畏惧之发生，浮躁、放纵、狂妄之显露。但终不会永久如此。此情一静，仍复归于寂静圆明的本然性体。又如草木逢春夏，千姿百态，峥嵘参并。时临秋冬，自然枝枯叶落，归根复命，仍返于静根。再以万物而论之，天地间的有形事物，飞潜动植，有情无情，错综复杂，形态各异，均由"虚极"而出，"静笃"而入。由此足证"虚极"、"静笃"的自然体性，是宇宙万物的命根，它是永恒的。

不知常，妄作凶。

【释义】

此段经义紧接上文。如肆意逞狂，追逐荣贵，快利耳目，露锋炫智，不知复其清静无为的真常之性，必流于欲海，迷于妄幻，宛转世间，漂沉爱河，沉滞声色，迷惑有无，犹如草木断了命根，其枝叶必遭枯落之患。《周易·复卦》中说："上六，迷复，凶，有灾眚，用行师，终有大败，以其国君，凶，至于十年不克征。"此以卦爻论之：上六阴柔，居复卦之终，只顾前往，迷于世情，而终不复，是迷其真宗，忘其根本，以致凶败。复卦上六的"迷复"，与此章"不知常，妄作凶"意义相通。

知常容，容乃公，公乃王，王乃天，天乃道，道乃久，没身不殆。

【释义】

虚无清静的真常之道，在人谓之性，不毁不灭，永恒存在。故曰"常"。与太虚同体，无所不容，无所不纳。故曰"知常容"。真常之性，"湛然常寂"，视天下如一己，观万物似一身，无有彼此之介，爱憎之分，上下之别。是谓"容乃公"。无私情，无妄为，顺自然，符物理，无为而自治，是谓"公乃王"。因时顺理，因物附物，同天地之造化，同四时之运行，同日月之明晦，万物生杀，各遂自然，是谓"王乃天"。真常之道，虚无自然，清静无为，是天地之根，万化之宗。无吉凶，无危险，不生不灭，永恒存在，是谓"天乃道，道乃久，没身不殆"。

第十七章

太上[1]**，下**[2]**知有之。**

【注解】

①太上：指上古。

②下：指庶民百姓。

【释义】

上古圣君治天下，本着真常的自然之德，上顺天理，下应民情，无为无事。天下一统，万民一心，人心淳朴，风俗浑厚。天下大治，而不知大治。有君王，而不知君王。君王无心显威名于下民，百姓亦无意对上阿谀奉承，上下相忘于浑厚的淳风之中。正如常言所说：人在道中不知道，鱼在水中不知水。

其次，亲之誉之。

【释义】

此后，天道的运度趋于中古，纯全的真常之德，逐渐被情欲毁丧，浑厚的淳风日益泯灭，人类开始崇尚贤能，赞誉善良。亲近仁人，始分上下，衡其贵贱，别其亲疏，异其贤愚。

其次，畏之，侮之，信不足，有不信。

【释义】

此后，真常自然之德，愈来愈失，浑厚的淳风，愈来愈薄。在上者不道不德，恃其爵位，仗其权势，高高在上作威作福；在下则人心乖戾，凶暴邪恶滋生。于是朝廷不得不彰示政令，颁布刑律，以威禁之。日后之刑罚日繁，人民畏惧，自然滋生侮慢。上对下彰刑法以威而禁，下因畏惧以侮慢而应上。上失真诚自然之德以对下民，下民亦以不忠欺哄于上。人心失道，由此上下相欺。国政由之腐败，百工由之若坠，民心由之而失，伦理由之而紊乱。故《虞书·益稷》中有这样的记载："元首（君主）明哉，股肱（大臣）良哉。庶事康哉。"又云："元首丛胜（繁琐）哉，股肱惰哉，万事坠哉。"

犹其贵言。

【释义】

失去了真常自然之道，脱离了清静无为之德，破坏了浑厚淳朴之风，无真诚之心，民已怀疑不信，再兴科条，尚法令，贵言教，欲以治国平天下，取信于民，已是南辕北辙，难以奏效。

功成事遂，百姓皆谓我自然。

【释义】

欲使天下太平，万民康乐，必须重道德，尚无为，崇自然，复淳风，只有如此，才能成功。圣君虽以德化万民，却"为而不恃，功成不居，其不欲见贤"，耕而食，织而衣，各遂其生息，自然而然上下相和，天下大治。虽天下大治，而民不知是何原因，这是自然如此。

第十八章

大道废，有仁义。

【释义】

道德充实于内心，虽有仁义之心，而不知有仁义之行。如失道离德，仁义必然自显。正因严年（明朝奸相严嵩之义子）失德，淫乐无度，分外营求，强占胡氏，迫使周仁之妻杀身成仁于府门之内（《周仁回府》）。孤竹君如不偏爱次子，有意让位于他，焉有伯夷叔齐死义于首阳之上？由此可见，失道离德之后才可出现仁义之举。

智慧出，有大伪。

【释义】

本来的天性良智不含敛自重，炫露滥用，以假为真，以文灭质，只求虚华，不讲实用，故“奇物滋起”，怪事百出。人之本性，由此而乱，物之常情，由此而失。

六亲不和，有孝慈。

【释义】

家庭失去了自然之道，父子、兄弟、夫妇必然不和。孝慈之名，由此而生。瞽叟因失道离德，设计陷害其子，舜王由此才有孝名永垂千古。

国家昏乱，有忠臣。

【释义】

治国者，如失去恬淡无为之“道”，不行无为之政，脱离了清虚自然之“德”，不用潜移默化，则必然君王昏昧，权奸执柄，滥用机智，钩心斗角，争权夺利，迷恋酒色，醉生梦死。以致内忧外患并起，民情危急，怨声载道，扶国忠良才会由此而出。如果宋徽宗清明，群臣“以道佐人主”朝纲大举，国纪不紊，焉有忠勇岳飞死于风波亭？“时危见臣节，乱世识忠良”（鲍照，南北朝），由此可见，国家无道昏乱时，才会出现忠贞尽节、杀身成仁、永垂千古的忠义之士。

第十九章

绝圣弃智，民利百倍。

【释义】

天资敏捷，德性纯全，睿通渊微，言行举止符合于伦理道德者谓之“圣”。通晓万物之理，洞观远近幽微之理者谓之“智”。有史以来，圣人效天地的运行之道，法阴阳消长之理，定纲纪、分科条、兴法度、作典章。圣人以此含养自修，万民以此乐而生息，自然而然国家大治，天下太平，人民康乐。当然天下皆知非“圣智”不能任其事。如圣人而张圣之名，玩弄机智，那不正者必窃而用之，这岂不又助于不正与不善者祸国殃民吗？《庄子·胠箧篇》中说：“故跖之徒问于跖曰：‘盗亦有道乎’？跖曰：‘何适而无有道邪？夫妄意室中之藏，圣也；先入，勇也；出后，义也；知可否，智也；分均，仁也。五者不备而能成大盗者，天下未之有也。’由是观之，善人不得圣人之道不立，跖不得圣人之道不行。天下之善人少，而不善人多，则圣人之利天下也少，而害天下也多……圣人生而大盗起。掊击圣人，纵舍盗贼，而天下始治矣！故曰：鱼不可脱于渊，国之利器不可以示人。彼圣人者，天下之利器也，非所以明天下也。故绝圣弃智，大盗乃止。殚残天下之法，而民始可与论议。”庄子这段论述，与这章讲的“绝圣弃智，民利百倍”其意相通。

绝仁弃义，民复孝慈。

【释义】

山中的老虎生下虎子，如遇持械的猎手，它会不顾生死地保卫其子。在平时忍饥受饿喂养其子，用舌舔其毛，以表亲昵。这般的慈爱，试问谁彰仁义之名而教之？由此可知，孝慈是物的天然之性，自然之德，非人为也。所以，彰仁义之名，必有害于民自然之性。这和《庄子·胠箧篇》中说的“削曾史之行，钳杨墨之口，攘弃仁义，而天下之德始玄同矣……人含其德，则天下不僻矣”其意相通。

绝巧弃利，盗贼无有。

【释义】

非正常的技巧，有害于民；非分之利，有害于国，故应绝弃之。燕衔泥垒窝以栖身，蜘蛛吐丝布网以求食，老鼠掘洞藏身以得安。万物皆然，各因自性，各因所需，各施技能，自然而然，虽有巧利，未尝有巧利。如朝廷专尚巧利，玩弄技巧，必被强盗、贼匪窃而用之。故《庄子·胠箧篇》中说：“毁绝钩绳，而弃规矩，攦工倕之指，而天下始人有其巧矣。”

此三者[①]，以为文不足。

【注解】

①三者：即圣智、仁义、巧利。

【释义】

这三者均属文表和虚华。没有实用，不足以治国修身。

故令[①]有所属[②]，见素抱朴，少私寡欲。

【注解】

①令：教诫。

②属：是嘱托。

【释义】

所以治国、修身的教诫和嘱托是心地纯洁，行事真诚朴实，少存私心和分外的欲念。

第二十章

绝学无忧。

【释义】

人在天地之间，如不知物性，不通人情，则难以生息。欲通物性，必以进学。既知如此，本经此章要讲“绝学者”何谓？如单学一科，独造一门，虽自感有进有益，实是以管窥天，以锥指地，不能复得天地之大全，事物之总体，悟性命精微之奥理，观造化至极之妙用，通阴阳消长之情理。只有绝弃虚妄荒诞之学，持守大道的清静之体，才能明晓万物之理。《道德经》第一章中说：“常无欲，以观其妙。”十六章说：“复命曰常，知常曰明。”三十八章说：“前识者道之华，而愚之始也。”四十八章说：“为学日益，为道日损。损之又损，以至于无为，无为而无不为。”六十四章说：“学不学，复众人之所过。”均与此条命旨相通。

唯①之与阿②，相去几何？善之与恶，相去何若？

【注解】

①唯：谦逊柔和的应声。

②阿：怠慢愤怒的问答。

【释义】

出口以谦让柔和而应于人，人皆得好感而结善缘；以怠慢愤怒而回答人，人皆因反感而种恶根。“唯”与“阿”同出于口，相去不远。然而，因“唯”而得结善缘，因“阿”而会种恶感，其结果，相距天壤。

人之所畏，不可不畏。

【释义】

性体一动一静的微妙之机，确为善恶的因由，动之于“唯”结善缘，而得吉庆；动之于“阿”结恶果，而遭祸殃。真可谓“差之毫厘，失之千里。”故天地间的事物无不以此而畏惧，人亦不能脱离这种运化之道，故亦应畏之。

荒[①]兮，其未央[②]哉！

【注解】

①荒：杂草丛生。

②央：中心。

【释义】

常人失了性体的根本，流荡身心，迷于世情，好像杂草丛生，荒芜了灵根一样，不知万物的中心准则。

众人熙熙[①]，如享太牢，如春登台，我独泊兮，其未兆；如婴儿之未孩，乘乘[②]兮，若无所归。

【注解】

①熙熙：嬉戏和悦之意。

②乘乘：似同驾车快然自如。

【释义】

众人沉溺于妄见之中，还自感嬉戏和悦，迷惑于世情之内，似春登高台，极目四望，自觉得意。唯独我恬淡无为，心地未有一点贪念，犹如初生的婴儿和混沌的孩子一样，无识无知，无忧无虑，无有归往。

众人皆有余，而我独若遗。我愚人之心也哉，纯纯兮。

【释义】

众人皆以为得意有余，而我呢？却感到空虚而有失遗，像愚人的心地一样，笃厚真诚，纯粹素朴。

俗人昭昭，我独若昏，俗人察察，我独闷闷。

【释义】

俗人各炫聪明，各逞机智，而我却好像昏昧不明。常人对大小事物能明察窥探，而我认为事物与我同体，闷闷然如无贵贱、上下之分。

忽若晦，寂兮，似无所止。

【释义】

常人因脱离了根本，贪享世味，追求功名利禄，无涯无际，不能济岸，不能自止。

众人皆有以，我独顽似鄙。

【释义】

常人舍真逐伪，愈逐愈迷，愈逐愈深，认世情有味有为，而我相似愚顽者，没有作为，并认为功名利禄皆为幻罔。

我独异于人，而贵食母[1]。

【注解】

①母：指万物的本根，即“道”。

【释义】

我和常人不同。常人忘本逐末，贪享世味，失去了本来性体，只顾枝梢。我只遵循和抱持大道，我贵养的是本根，本来的心渊性海。

第二十一章

孔德[①]之容[②]，惟道是从。

【注解】

①孔德：指空虚无为的“上德”，非有为的“下德”。

②容：对上德的形容。

【释义】

物之得于道者便是“德”。由德的功用中，又能体现出道的体性，从事物的运化中更能显现出德的功能。所以，天地万物无不是在上德的功能中不断变化和生长。万汇品类的体性完备，神全气足，皆是“上德”的功能。因大道无形而无名，只有从德中才能体现道的体性。

道之为物，唯恍唯惚。惚兮恍，其中有象；恍兮惚，其中有物；杳兮冥，其中有精。其精甚真，其中有信。

【释义】

浑然一气的真常之道，它恍惚似有，有而非有，无而非无。在恍恍惚惚、杳杳冥冥之中，有不可视听的微妙运化之功。不但有微妙运化之功，而且确为真实。

自古及今，其名不去，以阅[①]众甫[②]。

【注解】

①阅：观看。

②甫：起始。

【释义】

这个浑成一物的无名之朴，从古至今不变不易，以至于到无限的将来，仍不会离去。正因为大道能永恒不变，长久存在，所以，能尽阅大千世界内无限事物的起始。

吾何以知众甫之然哉？以此。

【释义】

欲观众类之始，首先必体于道。因道的体性圆明，德的功能周遍，就本章大意可分三节：第一节是说道和德的关系是分不开的。道本无形，可由德的功用之中体验。第二节是说道虽无形、无名，却在恍惚杳冥之中，通过事物可以显现，其妙用可证可信。第三节是说大道运化不息。正因为此，它才能尽阅万物的起始。

第二十二章

曲[1]则全，枉[2]则直，洼则盈，敝则新，少则得，多则惑。

【注解】

①曲：委曲。

②枉：冤屈。

【释义】

弱己饶人，潜忍愤怒，忍柔委曲，自然周全己身。此是“曲则全”。“直而不肆”，“受辱不怨”，含冤受屈，自有伸展之日。如文王枉囚于羑里七载，终于成就周之大业。“恭敬一切”，虚心谦逊，不论远近、贵贱之人，自然归服于己。是谓“洼则盈”。守敝自修，方能日新而有上进。“道”为万化之根本。只有一点，至简至易，如求得者，可知万物之性，晓万殊之理。如妄追万汇之繁，必然迷于歧途，如坠烟海。

是以圣人抱一为天下式。

【释义】

万物虽殊，皆秉道之一气而生。故《周易·系辞》曰：“……天下何思何虑，天下同归而殊途，一致而百虑……”古人曰：“得其一，万事毕。”“一”是混元无极大道。在人身即谓一点虚灵不昧，在物则为自然之性体，即未散的一元之朴。因此，有道的圣人，常抱守自然真一的体性，而应于天下万事万物。

不自见，故明；不自是，故彰；不自伐，故有功；不自矜，故长。夫唯不争，故天下莫能与之争。

【释义】

含其明而不自以为是者，才是真正明白事理的人。不固执己见，其理必明。默默潜行，不炫耀己之有功，其功必能永存。虽有才能，但谦虚谨慎，不骄不躁，才是真正有才能的人。正因为他不与人争，所以天下没有人能争过他。以上四点，是阐明“抱一”的道理。

古之所谓“曲则全”者，岂虚言哉？诚全而归之。

【释义】

“曲则全”一语，是古圣人之所言，并非虚言妄语。只要守真理、行正道，眼下虽有委曲，将来则能普行天下，全备己身。

第二十三章

希言自然。

【释义】

阴阳造化之道的妙用，不牵强，不造作。在寂静恬淡之中，自然而然，因时顺理，“不言而善应，不召而自来，坦然而善谋”。是谓“希言自然”。

飘风不终朝，骤雨不终日。孰为此者，天地。天地尚不能久，而况于人乎?

【释义】

天地的运化若正常而不失调，则阴阳平衡，晴雨适当。这是天地正常的自然之道。如阴阳失调，大旱大涝必作，定有暴风骤雨之异常。然而，大风、暴雨二者都不能长久。人若轻举妄动，私欲过甚，悖戾多端，胡作非为，亦如暴风与骤雨而不得终朝与终日。

故从事于“道”者，“道”者同于“道”，“德”者同于“德”，“失”者同于“失”。

【释义】

大千世界内的万事万物，其性虽通于一，但情状不一，趋向各异，其结果亦殊。故有从于道 的，有从于德的，更有从于失道失德者。

同于“道”者，“道”亦得之；同于“德”者，“德”亦得之；同于失者，失亦得之。信不足，有不信。

【释义】

道虽虚无清静，不施言令，但人举心运念，从于道者，道仍以应之。德虽无为自然，无有赏罚施惠之动机，但人言谈行事从于德者，德亦以应之。若人失道失德轻动妄为，虽用机智，以求治理，尚言教以彰法令，明玩技巧以求索，道则以失道失德而应之。在上者，对下民不体天地的好生之德，不怀真诚之意，而下民亦以此还报于上。

第二十四章

跂者不立，跨者不行。

【释义】

脚跟不着地，是谓跂踵而立。迈着大步走，是谓跨行。此两句是以人的“立”、“行”来阐明真常自然之道的要意。人站立时脚跟着地，身子不偏不倚，稳稳当当，自然平易舒服，可以久立而不疲，这是立的自然之道。如果脚跟不着地而站立，自感奇特有异于人，侥幸一时，却失去了立的自然之道，必不能久立。人行走时，步子大小，随着自己的足力，一步一步前行，自然而然，不劳不累，虽久行而不怠，这是行走的自然之道。如果不根据自己的足力，迈开很大的步子向前奔跃，自感快速，却脱离了行走的自然之道，必不能久行。

自见者不明，自是者不彰，自伐者无功，自矜者不长。

【释义】

固执己见者，是不明大理，以己为“是”者，是偏执一方，其“是”不可彰显于众。稍微有点功劳就自居，常在人前夸耀自己，必不能成其大功。自觉比人长，总感了不起，并在人前傲慢者，其实这样的人没有什么长处。

其于道也，曰余食①赘②行③。物或恶之。故有道者不处。

【注解】

①余食：即剩饭。

②赘：多余。

③行：古多作形解。

【释义】

“跂立”、“跨行”、“自见”、“自是”、“自伐”、“自矜”皆非自然之道，而是故意造作，是有为之举。似同残羹剩饭、多生之指头。非但无用，而且累赘。所以，有道德的人不去这样做。

第二十五章

有物混成，先天地生。寂兮寥兮，独立而不改，周行而不殆。

【释义】

无形无名，无上无下，无头无尾，无左无右，不变不易，不明不暗的虚无一气，是为混成之物。它先于天地而早已存在。无始无终，无形无象，无声无臭，不增不减，若亡若存，周流变化，永不停息。

可以为天下母。吾不知其名，强字之曰道，强为之名曰大。大曰逝，逝曰远，远曰反。

【释义】

它是“生生之本，化化之根”，是生天生地的始祖，众生之父母，万物的根蒂。我不知道它的名字，勉强把它叫做“道”。它无边无际，故谓之“大”。它不断流逝，故谓之“逝”。在九霄之上而不为高，在六极之下而不为低，故谓之“远”。天地万物都是切身所赖，须臾不可离，故谓之“反”。“道”是天地万物的起源和始祖。但孕物之后，它仍涵于万物之内。

故道大、天大、地大，王①亦大。域②中有四大，而人居其一焉！人法地，地法天，天法道，道法自然。

【注解】

①王：一国之主。

②域：指空间，在这里当整个宇宙讲。

【释义】

道与天地万物并生而共存。故此谓“道大、天大、地大，王亦大”。人为万物之灵，王为万人之首。

由这一节经意中可以意识到，道生天地万物之后，道的整体运行法则及属性，仍然混融于天地万物之中，道与天地万物是一个整体。人为万物之灵，故人代表万物。人因有私情私欲，气量小，不容丝毫异己，故时有祸福之遭遇。大地深厚宽广，公而无私，任何事物无不承载。故《易·坤卦彖传》曰：“地势坤，君子以厚德载物。”意即，人需取法大地宽广深厚公而无私的胸怀，方可长久。本章经典说的“人法地”就是此意。因为人有私情，故应取法地之至公的自然之德，地应取法天无不覆的无为之道。大地虽承载及长生万物，但因地势有高低及软硬，故有沧桑之无常。因之，应取法天道无所不覆的容量，故《易·乾卦彖传》中说：“天行健，君子以自强不息。”意即，大地需效法天道运行万物、永健而不衰竭的功能。本章经意说的“地法天”正指此而言。天应取法大道虚无清静的真一体性，天道运行虽然如此，但还有四时变更、寒暑交替之无常。在师法大道、保罗三才、运化群生这一运动中，无有任何主观、意气、感情、私心的人为因素。故本章中说的“天法道，道法自然”正指此而言。

本经第四十二章说：“道生一，一生二，二生三，三生万物。”这是道生天地万物，从无到有的过程。二十五章中讲的“人法地，地法天，天法道，道法自然”是天地万物由有返回于无德归根的过程。这两章经意，现在的一些宇宙学者说这是宇宙的生成论。道本自然，“无为而无不为”。

第二十六章

重为轻根，静为躁君。

【释义】

行为狂妄是谓轻躁。恣情纵欲是谓飘浮。轻以重为根本，躁以静为主宰。

是以君子终日行，不离辎重①。虽有荣观、燕处超然。

【注解】

①辎重：行军以车载战械与军饷者。

【释义】

因此，有道德的君子仁人，处事接物，一言一行，必守重静，常率其性，犹如行军运载着战械与军饷的车一样，不敢轻躁妄动。“荣观燕处”是指声色、货利、荣贵、宴乐的胜境。此境最易使人失性动心。有道的君子遇此境，皆超然不顾。

奈何万乘之主而以身轻天下？轻则失根，躁则失君。

【释义】

君子仁人，处事接物尚且不可轻举妄动，何况理万民之生息的万乘大国君主，岂能轻举妄为，恣情纵欲，贪享世情？

第二十七章

善行无辙迹；善言无瑕谪；善计不用筹策；善闭，无关楗而不可开；善结，无绳约而不可解。

【释义】

此章之意是借“善行”、“善言”、“善计”、“善闭”、“善结”五者来申述体道的圣人无为自然、潜移默化的特征。有道的圣人，在处事接物、言行举止上，应因时顺理，自然而然，至简至易。当行则行，是谓“善行”。当言则言，谓之“善言”。有道的圣人，因明了事物自然之理，不执己见，虽言而无弊病可谪，此谓“无瑕谪”。以道待人者，众人必群策群力，甘心效力而不计其利，事事物物，均有条有理，是谓“善计”。孟子曰：“固国不以山溪之险。”以道治国，人皆体德，则“路不拾遗，夜不闭户”。此谓“善闭，无关楗而不可开”。接物必以道，如离道而求于人和者，就像以绳索捆约，终会不固而离散。以道接物者，虽千里之外必应之。是谓“善结”，无绳约而不可解。

是以圣人常善救人，故无弃人。常善救物，故无弃物。是谓袭明。

【释义】

因此，有道的圣人，视物与我同体，视人与己同心，虽有人物不如己者，却无分别之意，无厌弃之心。故以常善救助于人，救助于物。这是以己之明引导他人以为明。

故善人，不善人之师；不善人，善人之资。不贵其师，不爱其资。虽智大迷，此谓要妙。

【释义】

举心运念符合于道者，是谓善人。言行举止，背道徇私者，是谓不善人。所以，不善人常以善人为师，导己为善。善人如没有不善人，何以称善？所以，不善人又是善人的借鉴资本。不善人，如不尊重善人以戒除不善，善人若因己之善而厌弃不善者，那就必形成两个极端。以己为有知于人者，是为最糊涂的人。

第二十八章

知[1]其雄[2]，守其雌[3]，为天下谿[4]。为天下谿，常德不离，复归于婴儿。

【注解】

①知：通晓。

②雄：刚健。

③雌：柔弱。

④“谿”同“溪”：低下。

【释义】

刚健勇为的本领，能克敌制胜。但若肆意刚勇，贪于妄进，则必遭天下厌恶。既知如此，应持守柔弱不争，虚心谦下，犹如低下的溪涧一样。这样，人身本来的自然常德才不会脱离，人的本性才能复归于初生婴儿一般。因此，老子所讲的柔弱雌静，其中含有刚健勇为的意思，而不是纯粹的懦弱。

若将此道用于修身方面，就是道家提倡的最为基本的“性命”双修要旨。“雄”引喻为人身的神。神性刚健轻浮躁进，奔驰飞扬于外（思念情妄）。欲得长生，必收视返听，回光返照，凝神“入气穴”（意守丹田）。这是“知雄”、“守雌”的要妙。如此炼之日久，人身的法轮自然常转，百脉自然调谐，众邪不侵，百病不生，万魔自消，人身的常德自然可以永保。此谓返老还童之道。

知其白[1]，守其黑[2]，为天下式。为天下式[3]，常德不

忒[4]，复归于无极[5]。

【注解】

①白：知见，聪慧。

②黑：昏暗，愚昧。

③式：楷模，法则。

④忒：差错，变更。

⑤无极：事物的元始，含有无穷的生发之机。

【释义】

通晓事物情理的锐敏智慧之人，不可炫露耀物，宜于内含自守，这和本书在第二十章中说的“俗人昭昭，我独若昏。俗人察察，我独闷闷”以及第四十一章中所说“明道若昧”和五十八章中的“光而不耀”意义相通。把这作为天下事物的楷模和法式。以此作为楷模和法式，则人的自然常德不会有过失。

由此段文中，可以看出老子所说的愚昧，不是纯粹的蠢笨无知，而是有其明智内含，外用其愚以自谦。

知其荣[1]，守其辱[2]，为天下谷[3]。为天下谷，常德乃足，复归于朴[4]。

【注解】

①荣：富贵显达。

②辱：贫困卑贱。

③谷：空虚谦下。

④朴：道之大全，混沌之始——一元之初，浑全未破的原质。

【释义】

事物得时得理，如草木逢春，必荣贵显达。事物常因荣贵显达，高亢其上，骄肆于天下。这样的人必遭祸殃，荣贵不能长久。既知如此，在得时得理的荣贵显达之时，作为天下的空谷，仍以卑下自谦虚心待物，这样，本来的自然常德才能充足不弊，复归到浑全未破的原始、真朴之地，具有无限的生命力。

朴散则为器[1]。圣人用之，则为官长。故大制不割。

【注解】

①具体的事物。

【释义】

事物最原始的真朴，似一根圆木一样，它是各种形器的根本。它能大能小，能方能圆，能曲能直，能长能短。在破散成器之后，拘于具体的形器之内，它再不会有浑全之妙用。体自然之道的圣人，还淳返朴，复归于事物最原始的真朴之状，不恃雄强欺凌雌柔，不以明白而侮黑暗，不称荣贵而欺辱卑贱，物我同观，公而无私，所以谓之“官”。能主宰万物，并为万物之首领，所以谓之“长”。顺物施化，不为而成，故为“大制”。不以小害大，不以末丧本，不执有为，不拘于形器之末，故为“不割”。

第二十九章

将欲取[①]天下而为[②]之，吾见其不得已[③]。

【注解】

①取：治理。

②为：强作妄为。

③不得已：因任万物之自然，不敢于物先，迫而后动的，不得不这样做的意思。

【释义】

将要治理天下这件事，据我看来应当以事物的自然之理，而不能肆意强作，背理妄为。如汤武取天下，并非汤武侥幸恃强，过分骄肆，贪功取胜，为荣贵而图享乐，而是因桀纣失道离德，涂炭生灵，民不聊生，在不得已的情况下才取治天下。孟子曰："其君子实玄黄于篚，以迎其君子。其小人箪食壶浆，以迎其小人，救民于水火之中，取其残而已矣。"所谓能如此深得民心者，皆因"不得已"而已。

天下神器[①]，不可为[②]也，不可执也。为者败之，执[③]者失之。

【注解】

①神器：指天道人心。

②为：任意强行。

③执：把持的意思。

【释义】

天下的生灵与万民，皆有情感和意识，而非死物固体，最为灵感。所以，治国者不敢有丝毫侥幸强为的举动。倘若有背理徇私、强作妄为之举，就违背了生灵的自然之性，即有感应。如此，不但不能治理，反而愈治愈乱。事物是不断地在大道中运化的。如天道的运行，有春生、夏长、秋收、冬藏，若专执一方，固守一隅，把持愈紧，反而愈失。

故物，或行①或随②，或嘘③或吹④，或强⑤或羸⑥，或载⑦或隳⑧。

【注解】

①行：行之于前。

②随：随之于后。

③嘘：温暖。

④吹：寒凉。

⑤强：刚强。

⑥羸：劣弱。

⑦载：安载。

⑧隳：危殆。

【释义】

此段是进一步申述天下神器，不可为也，为者败之、执者失之的道理。若不顺任自然，而强行妄为，欲侥幸强行于前，反而随之于后者，必厌而弃之。侥幸前行者不能久执，又因此反之于后。我欲嘘寒问暖，寒凉者必厌而弃之，有意的温暖，又因此不能固守。我欲刚强于物者，羸弱者必厌而弃之。人为的刚强又因此不能久持。我欲安载于物者，危殆者必厌而弃之，有为的安载不能久在，又反之于危殆。由此，可以说明强行强为的前行、温暖、刚强、安载是扰物之性，乱人之德的。也说明强行执持，不但不能固守，反而会变为后随、寒凉、羸弱、危殆。

万物皆因自性，各随其形，适其所用，咸自然也。如阳性物刚燥，善行于前，阴性物柔静，好随从于后，狮、象居于热带而喜温暖，北极熊生于寒带而好凉冷，虎豹性烈好强而刚戾，羚羊性柔喜静而慈善，牛马体重喜安处于平地，猿猴体轻好玩在树梢。

是以圣人去甚①、去奢②、去泰③。

【注解】

①甚：过分；一时得势，兴高采烈，骄傲自大，目中无人，气势汹汹，盛气凌人。

②奢：浪费不节；偶然得利，假其富有，挥霍浪费，不惜货物。

③泰：平安无扰，时来运转，飞黄腾达，沉溺酒肉，糜烂色情，贪得无厌，醉生梦死。

【释义】

体察事物情理，智慧高明的圣人，体悟甚、奢、泰三者都是脱离了大道自然纯粹的本体，失去了自我的天真本性，必然会给自身造成不良后果。意在告诫世人：一人贪获利，众人遭贫穷，泰然享豪华，万民有祸殃。所以不贪求分外的声色，而能抛弃不当的获利，不贪过分的豪华，循自然，务真诚，涤除其奢，恢复到自我纯粹的天真本性与大道清静自然、真常平夷的状态，方可长治久安，故无败失之患。

第三十章

以道佐[①]人主者，不以兵强[②]天下，其事好还。

【注解】

①佐：辅助之意。

②强：强行压制。

【释义】

为臣者，要顺天理，体民情，以自然之道，辅佐人君治国理民。不可专尚武力，滥用兵革。孟子曰："威天下不以兵革之利。得道者多助，失道者寡助。寡助之至，亲戚畔之；多助之至，天下顺之。"即是此意。做人君者，以道正心修德，国纲定会大振，上下定能同心同德，天下自然太平，万民自然康乐，生灵自然不遭杀戮。倘若专尚兵革，横暴强行而欲威震天下，必然无形中失去天地之和，扰乱生灵自然之性。人心背离，天下共怨，激起对方以兵力还报。常言道："你有杀人之刀，逼起了他射人的箭。"试观天下每次大乱，干戈四起，你还我报，一来一往，互相残杀，皆因不以道治国，而由恃兵逞强所致。

师[①]之所处，荆棘[②]生焉；大军之后，必有凶年。

【注解】

①师：军队。

②荆棘：有刺的灌木。

【释义】

因兴兵革，夺良民事农之力，服役于战祸之中，干戈骚扰，庶民不能安居乐业，农事必废，田园荒芜，荆棘丛生。在震撼山岳的杀声中，无数军卒伤亡，其隐恶含嗔之气荡于太空，留下的父母妻子无赡无依，其伤感悲痛之情，号啕于人间。天人共怨，万姓同诛，军队所过之处，飞鸟不下，兽类亡群，国民饥馑，盗贼丛生，瘟疫流行，妖孽横生，怪异滋起。故曰："大军之后，必有凶年。"

故善者，果而已[1]**，不敢以取强**。

【注解】

①果而已：胜后即收兵。

【释义】

既知兴兵师，动干戈，遭天人共怨，万姓同诛，那么，在横暴愚顽之徒祸国殃民之时，邻国恃强侵扰国土之际，不得已而用兵，战胜之后，应立即停止战争。虽战胜了，但却不敢恃强多杀。

果而勿矜[1]**，果而勿伐**[2]**，果而勿骄**[3]**，果而不得已，是果而勿强**。

【注解】

①矜：逞能。

②伐：自夸。

③骄：傲慢。

【释义】

征战成功，再不可以逞能、自夸、骄傲，而应该认为是这些横行霸道、祸国殃民的愚顽之徒逼得我们不得已才这样做。

物壮则老，是谓不道，不道早已。

【释义】

物壮大了，超过了限度，就要趋向于枯老，这就失去了柔和自然之道。如失去了柔和自然之道，那正是灭亡的前因。

此章经义涉及养生，则可以作以下解释：人君者，是喻心。天下者，是喻身。人素日应怀念仁慈，潜忍愤怒，以柔和诚意而辅之以心，言行举止不可狂妄粗暴，如此这般不求长生而自长生。相反，如为求其生而喜怒哀乐过甚，举止蛮横粗野，便似用兵力强制一样，必然无形中促使心情躁动，百脉不调，疾病来攻，有不幸还报于身。每当剧烈地举心运念之后，浑身感觉不适，就是本章中所讲的“师之所处，荆棘生焉。大军之后，必有凶年”等喻。

第三十一章

夫兵者，不祥之器，物或恶之，故有道者不处。

【释义】

精锐的军队和快利的兵器，是残伤生灵的凶械，天下人无不厌恶之。有道德的仁人君子，以道辅国，无为服众，而不主张持佳兵利器强天下。

君子居则贵左①，用兵则贵右②。兵者不祥之器，非君子之器。不得已而用之，恬淡③为上。

【注解】

①左：取坐，左边是向东方。东方属木，是草木逢春生长的一方。古人常说："左青龙。"这是万物吉祥之意。

②右：西方，西方属金，是草木临秋凋零的一方。古人常说："右白虎。"这是万物凶杀之意。

③恬淡：淡然之意。

【释义】

以两臂言之，左臂谦让柔和为善，其用力柔弱，不如右臂，以喻君子以道处事尚文。右臂强壮得力为恶，其用力刚健，强于左臂，喻小人处事尚武。

有道德的仁人君子，坐时贵的是万物呈吉祥而有生气的左边。用兵则贵的是草木凋零而有杀气的右边。天下皆知兵不是吉祥之器，只是不得已而用之。不能把用兵这件事看得太重要了。

胜而不美，而美之者，是乐杀人。夫乐杀人者，则不可得志于天下矣。

【释义】

有道德的君子，因不得已而用兵。虽战胜敌人，但因杀人甚惨，故不以战胜为美。若把战胜当做美事，就是以杀人为乐，以残生为快。乐于杀人的人，不会深得民心，不能使天下人自愿归服。

吉事尚左，凶事尚右，偏将军处左，上将军处右，言以丧礼处之。杀人众多，以悲哀莅之，战胜则以丧礼处之。

【释义】

上古从朝廷至下民，大凡吉祥善事的行礼仪式均以左边为上，丧礼凶事均以右边为上。打了胜仗庆祝战绩，这是一件可贺的事，把上将军置之于右，是因为残杀生灵，扰害百姓，损兵折将之故，所以这里是按凶事丧礼的仪式处理的。

人有好生之德，君子仁人更有惜卒爱民之心，他们必然为此伤感悲痛。由于这个原因，战胜了才按丧礼的仪式处理。

第三十二章

道常无名。朴虽小，天下莫能臣。侯王若能守之，万物将自宾。

【释义】

大地是随从天道春夏秋冬四时运化而有生长收藏之功。朝中大臣是服从君主的，妻子是随从丈夫的。地、妻、臣此三者均非主宰的倡导前行者，皆是被支配者。太古之初，混元未破，恒常自然者，虽然微细而无具体名象可称，但为宇宙万象的主宰，谁也不敢把它当随从者任意支配。侯王倘若守道，四海自然宾服，天下自然太平。

天地相合，以降甘露[①]。民莫之令而自均。

【注解】

①甘露：及时而甘美的雨露。

【释义】

天地不相交，阴阳不相合，大旱大涝必作，暴风骤雨必至，天灾必来，万物必殃。天地交，阴阳合，必降甘露，滋润众生，五谷丰登，万民康乐。

在修养方面，人若清静无为，恬淡自然，无私无欲，心安理得，身内阴阳二气自然交会，百脉畅通，口内甘美之津液自然产生，滋润百骸。

始制有名。名亦既有，夫亦将知止。知止可以不殆。

【释义】

天地间的自然万物形成之后，均要按事物的类别特征安名立字，提举纲纪与科条彰示于外，以其尊卑、高下、先后、主次的次序而定法度。这些纲纪、科条、法度、典章，不过是事物的形式之名而已。倘若以这些形式之名伸张教令，是忘本逐末，不但不能大治，反而会扰乱事物之性及其真常之德。事物如失道离德，法度愈严明则愈乱。既知如此，应适可而止，不可专尚此名，而应遵守柔和的自然之道，避免危殆。

譬道之在天下，犹川谷之于江海。

【释义】

“道”之在天下，犹如大海一般，处于最下，无所不纳，无所不容，千万条江河皆流注于它。有道的圣人像大海一样，天下万民无不愿归服于他。人若能心如明镜，性如大海，一念不起，则天地之气必然来聚，日月精华自然来会，自然气足神旺，益寿延年。

第三十三章

知人者智，自知者明。

【释义】

能知人之德才，察物之体性正邪是非者，只能算做睿智。而只有了解自己德才体性过失的人，才算明白。

胜人者有力，自胜者强。

【释义】

能胜过别人的人，不过是强壮有力，只有能主宰和控制住自己的人，才是真正的强者。

知足者富。

【释义】

体道返朴，方能淡泊自安，寡欲自守。只有知足知止，才能常感富裕满足。

强行者有志。

【释义】

在正确的道路上，能坚持不懈，始终如一，逢千磨能自强不息，遇百难能顽强拼搏，这样才算有志。

不失其所者久

【释义】

富贵是可居之地吗？否！“富贵而骄，自遗其咎”。财货是可止之所吗？否！“金玉满堂，莫之能守。”然则究竟何处是长久之地，应止之所？唯独虚无之妙道，天地之正气，人伦之大德也。

死而不亡者寿。

【释义】

体道之士，正人君子以应天理为常德，以顺民情为心志，在心性上念念存诚而不妄。在言行上动止合义而不狂，为国效忠，于生灵有益，形体虽死，其功绩永不磨灭。如此可谓“死而不亡者寿”。

此章以自然之道，阐述了养生修炼过程的六步功法：

一、不可外露机智，追逐物情，而应时时检点平日的言行举止，是否违道失德，举心运念是否有邪思妄为。

二、心地若动，一念不纯，持行敷衍，有一事不正，应立即改正，似同斩钢削铁。此为降念定心、凝神、入静的主要功法。

三、修炼者必须看淡世情，视功名利禄为身外之物，知足知止，身虽贫困，但性体不亏。

四、千磨不退志，百折不回心。固守勿失，坚强不屈，久持不懈，至死方休。

五、天上地下唯道独尊，大环宇内唯德最贵，唯有修道建德，复我本来的真本性才是应止之所，长居之地。

六、待成正果，与太虚同体，与造化同寿，与天地为一，形神俱妙，与道合真，形质虽化，性体永存。

第三十四章

大道泛兮，其可左右。

【释义】

大道广泛流行，无所不至，无所不达，无所不遍。它可左可右，可上可下，可顺可逆，在方为方，在圆为圆，向无定向，形无定形，任其物性，顺其自然。

万物恃之以生而不辞，功成不名有，衣养万物而不为主。

【释义】

它生化万物，创造世界而不推辞，作出巨大成就而不自以为有功，养育了万物而不加宰制。

常无欲，可名于小，万物归焉而不为主，可名于大。是以圣人终不为大，故能成其大。

【释义】

它不求名利，无私无欲，可称它为“小”，万物归附于它而它自不以为主，称它为“大”。由于它从来不自大，所以能成就其伟大。

第三十五章

执大象[1]，天下往。往而不害，安平泰。

【注解】

①大象：即道，因道大无法比拟，故假借“大象”描述。

【释义】

倘若能执守修持无与伦比的自然之道，天下的品物万类，“不言而善应，不招而自来”，无不宾服与归往。不仅一一归往与不相害，而且能平安康泰。

乐与饵，过客止。

【释义】

利欲的美色、动听的声音、爽口的厚味、香鼻的肴馔，只不过能引人耳目，快利口鼻，犹如过客暂且逗留一样。

道之出口，淡乎其无味，视之不足见，听之不足闻，用之不足既。

【释义】

唯有纯粹、素朴、清静、无为的自然之道，虽淡而无味，视而不见，听而不闻，但它的功能及作用是无与伦比的，是任何事物都达不到的。

第三十六章

将欲歙[①]之，必固张[②]之。

【注解】

①歙：合拢，收缩。

②张：放开。

【释义】

如果将要收缩合拢，则首先要张开放大。如白起借赵括之攻势，首先张开国境，以诈败诱赵兵入围，然后封闭国境，断其后路，终使数十万赵军成为俘虏。

将欲弱[①]之，必固强[②]之。

【注解】

①弱：当卑贱，懦弱讲。

②强：旺盛、壮大之意。

【释义】

如果将要削弱它，必须暂时壮大它。

将欲废[①]之，必固兴[②]之。

【注解】

①废：破烂，抛弃之属。

②兴：发达、繁茂的意思。

【释义】

如果将要废弃它，必须暂时使它繁茂。

将欲夺[①]之，必固与[②]之。

【注解】

①夺：掠取之意。

②与：赠给的意思。

【释义】

如果将要夺取它，必须在开始先给予它。如易牙为了取得君主的宠信，杀子煮肉献于桓公，而齐桓公终饿死于围困之中。事物如此变化，并非有意造作以及人为的诈术，而是天地气运在大道运化中有升沉变迁、消息盈虚之数。万物兴亡，成毁起伏、离合盛衰，自然而然。自然界的阴阳运度，在阴极生阳，阳极生阴，阴阳更替，周而复始地向反方向发展。盛极必衰，衰极必盛，合久必分，分久必合，仍然向反方向发展。既然如此，为人处世在茫茫的人海之中，还需在反方向观察一个人。例如，给我先赠送东西的人，它的反面是将来要夺取我的东西，也从事物的反面知它的结果。例如，事物本来要收敛者，在当前看它敞开得很大；将要废弃的东西，在眼前看起来很兴旺。故《素书》中云："盛衰有道，成败有数，治乱有势，去就有理。"盖是此意。

是谓微[①]明[②]。

【注解】

①微：细小，暗昧。

②明：显著之意。

【释义】

“微明”是自然之道在事物中的微妙玄机。事物向反方向发展，在冥冥之中运动，使人不知不觉，但其最后的结果是很明显的，因此说“是谓微明”。

《阴符经》云：“其盗机也。”《周易・系辞》中说：“知几其神乎……几者动之微，吉之先见者也。”正如上文所列举的彰著、显明、已成地张开、强胜、兴旺、给予者收歙。

柔弱胜刚强。

【释义】

柔弱中隐含着潜在的刚强。谦让柔和的君子，常胜过横暴刚强的小人。

鱼不可脱于渊，国之利器不可以示人。

【释义】

体悟事物相反方向发展的智慧，此为处身治国之“利器”。此智慧内敛不可炫耀，彰示于人，这种情理犹如鱼在水中，离水即死。圣君明王深知大道运化万物的微明之妙，他们潜修密行，正性修德，削残除暴，敬天爱民，不仅能平治天下，而且能保持身固命坚。

利器炫示于人即伤。因此，若将此“利器”彰示于天下，横暴愚顽的小人得之，必徇私舞弊，相诈逞狂，贬正败贤。不仅祸国殃民，贼害天下，而且会因此身败名裂。

以“鱼不可以脱于渊”，引喻“利器”示于天下不但不能修齐治平，而且会导致倾覆败丧。这好似离开了水的鱼一样，非但不能生息，而且会枯死。故经中讲的“鱼不可脱于渊，国之利器不可以示人”，盖是此意。

第三十七章

道常无为，而无不为。

【释义】

清静无为的自然之道，永远不劳心力，顺应自然，没有任何恣意造作和妄为，但天下事物，各有条有理，皆是道之所成。

侯王若能守，万物将自化。

【释义】

侯王如能持守此道，心地纯一，真诚不妄，清静自然，国自治，民自化。此段经义在本书第五十七章再作详解。

化而欲作，吾将镇之以无名之朴。

【释义】

在顺化过程中，如出现起不正之欲、逞狂作怪者，不必采取任何其他的办法，仍以清静、无为、真诚、自然、浑全未破的无名之朴而镇之。

将此段经义，用于养生方面，就是说，在心地起烦恼妄想、情欲缠绕时，应立即遏制守静。

无名之朴，亦将不欲。不欲以静，天下将自定。

【释义】

浑全未破的无名之朴，即是自然之道的体性。在人身，就是未被情欲凿丧的先天本性，它没有任何思欲和情妄，至为清静、纯粹。它是自然的，能镇百邪，能调理一切纷乱。能持守这一体性，其身自修，天下自然太平。

下篇　德经

第三十八章

此章是《道德经》下篇的首章。上篇开宗称“道”，下篇起首明“德”。“德”继之于“道”。“道”有“常道”、“可道”之分；“德”有“上德”、“下德”之别。“道”与“德”的特性已述于前。此章只谈“道”、“德”、“仁”、“义”、“礼”五者的关系。

上德不德，是以有德。

【释义】

“德”源于“道”，通于“道”，其体性特征亦同于“道”。“道”无形无象，含藏而不显露，空虚而无迹象，却无所不有，无所不在，无所不为，无所不成。生育天地，运行日月，长养万物，却不自恃、自彰。此种特性应之于人，则为“上德”。“上德”和“常道”一样，是内在的、实质的、无形的、自然的，而不是外在的、表面的、形式上的东西。因而，无形的“道”是“大道”，无形的内在之“德”是“上德”。这种非形式主义的“德”好像无“德”，其实是真正的“大德”、“上德”。

下德不失德，是以无德。

【释义】

纯粹素朴、虚无自然、至诚不妄、无心作为者，是“上德”之特性。反之，有意作为，故意彰示其德，做了好事只怕别人不知道，这种外在的、形式上的、故意彰示的“德”，是谓“下德”。“下德”处处显示为很有“德”，其实还算不上“德”。

上德无为，而无以为，下德为之，而有以为。

【释义】

“常道”的体性是自然无为。体现“常道”体性的“上德”是无为的。这种“无为”不是有意的，而是自然的。此谓“上德无为，而无以为”。“下德”的有为不是无意的、自然的，而是故意的、有心的、非自然的。此谓“下德为之，而有以为”。

上仁为之，而无以为；上义为之，而有以为；上礼为之而莫之应，则攘臂而扔之。

【释义】

纯粹素朴、真诚无妄、自然无为的“道德”充实于内，仁义礼智自然显之于外。道德是根本，仁义礼是枝末。事物无本，焉能有末？故黄石公《素书》曰：“夫道、德、仁、义、礼五者一体也……夫欲为人之本者，不可无一焉！”此言“道”、“德”、“仁”、“义”、“礼”五者的关系是根杆与枝叶的关系。

出于自然，不是有心有意去为“仁”者，谓之“上仁”。

有分别，有果决，惩奸除暴，济困扶危，顺天应人，不徇私情者，谓之“义”。

长幼有序，男女有别，父慈子孝，恭敬谦让者，谓之“礼”。

“上仁”继之“上德”，是无为的。

“上义”继之“下德”，是有为的。

以“上礼”的科条礼教约束人，无人应声和履行，这时就不得不伸出胳臂用力拉拽，强迫人们去遵守。

故，失道而后德，失德而后仁，失仁而后义，失义而后礼。夫礼者，忠信之薄，而乱之首。

【释义】

“道”是主体，“德”是作用，“仁”、“义”、“礼”是主体的作用的表现形式。如失去了“道”（主体）而再去讲“德”（作用），就像失去了车马而论载重路远，是为空谈。再如失去了主体之作用而去讲主体之作用的表现形式，犹如树木根杆已毁再求枝叶丰茂，岂非妄言！尤其讲到表现形式“礼”的时候，“道德”基础已无、忠信已薄，祸乱由此而始，故曰：“夫礼者，忠信之薄，而乱之首”。

前识者，道之华，而愚之始。是以大丈夫处其厚，不处其薄，居其实，不居其华。故去彼取此。

【释义】

“道”之本体贵乎敛华就实，守朴还淳。如持华去实，乃是愚昧的开始。

因此，顶天立地的大丈夫，能掌握本末之机，实华之要，还淳以复其厚，而不恪守浇薄；反朴以顾其实，而不炫识以求其华。因而，真正的进道修德之人应去其薄华，取其厚实。

第三十九章

昔[①]**之得一**[②]**者：**

【注解】

①昔：指天地万物的开始。

②一：指先天的混元一炁，亦指阴阳平衡，和谐统一之特征。

【释义】

未有天地万物之前的混沌之初，是为先天的混元一炁，无上无下，无左无右，无大无小，无贵无贱，是谓浑然一体。此谓“一”。

天得一以清。

【释义】

天地万物皆依次混然一炁而生，由一至万，“降本流末而生万物”。在阴阳始判，清浊肇分之际，轻清者上浮为天，重浊者下凝为地。因天得此“一”，故有日月星辰之运转，春夏秋冬之交替，风云雨雷之兴作。天道运行，万类自化，始终处于和谐有序状态，一派清明之景，毫无混乱之象。此谓“天得一以清”。

地得一以宁。

【释义】

先天混元一炁的基本特点，是阴阳平衡，和谐统一。由重浊之气下降凝聚而成的地球，内有核、幔、壳三层，外分热、温、寒五带，布局严整，井然有序，自然运转，平稳安宁。若阴阳不平，失去统一必火山爆发、地震、山崩、灾祸四起。只有得此“一”，方能不失常序，平稳安宁。此谓“地得一以宁”。

神得一以灵，谷①得一以盈，万物得一以生，侯王得一以为天下正。

【注解】

①谷：空谷。

【释义】

《周易》曰：“神也者，妙万物而为言者也”，又曰：“阴阳不测之谓神”。此“神”指阴阳二气的功能及妙用。阴阳二气交感，达到平衡与统一是谓混元一炁。故“一”即道。“道”虽无形无象，却生物生人，为“众妙之门”。此生化之门至妙至灵。此谓“神得一以灵”。若阴阳不平，二气不交，和谐破坏，则不能生物生人，妙灵之性亦必丧失矣。

水止于平，道止于中。天道是背高就下，损余补缺，自达平衡。谷的低凹之处，水自流来自然充盈。谷所以能自然盈满，全由“道”之平衡之理所致。

万物由阴阳二气和合而成。阴阳不合，不得统一，则万物无由以生。孤阴不生，独阳不长。只有二气交感，合而为一，方能生出万物。

侯王为天下至尊至贵者，此谓至上。而侯王常以“孤”、“寡”、“不榖”自称，自认为至下。此至上与至下折中平衡，达至中平，此谓“一”。至高无上的侯王若能出之于言，践之于行，自然无为，柔弱谦下，不贪财货，不施暴政，以百姓心为心，以爱民为至上，则必为万民拥护，百业兴旺，风气纯正，四海宾服，天下太平。

其致之一也，天无以清将恐裂[①]，地无以宁将恐发[②]，神无以灵将恐歇[③]，谷无以盈将恐竭，万物无以生将恐灭[④]，侯王无以贵高将恐蹶[⑤]。

【注解】

①裂：坠毁，决裂。

②发：散发。

③歇：就是停顿，止息。

④灭：死亡，绝灭。

⑤蹶：颠覆，倒垮。

【释义】

以上的“清”、“宁”、“灵”、“盈”、“生”、“正”，皆由混元一炁的平衡统一原理所致。相反地，若天不能保持“清”，则必然会纷乱破裂；地不能保持“宁”，则必然爆发火山地震；神不能保持“灵”，必然丧失灵妙之功能；谷不能保持“盈”，必然自行枯竭；万物不能生长繁衍，必然衰亡绝灭；侯王不能保持权势和地位，就要垮台。

由此可见，天清、地宁、神灵、谷盈、万物以生、侯王天下贞，无不在“一”的状态下生息，这是“其致之”意谓。

天道的运动如背离“一”的状态，运度失衡，阴阳不和，就会出现四时不节，旱涝不均，骤风暴雨时作。由此就会坠毁清明，这就是“天无以清将恐裂”之意。

大地如失去“一”，就会产生河海震荡、山摇地动等异常变异，同时就会丧失宁静。

如“神”背弃了“一”的状态，就会将生化天地万物的灵气休止。

万物如离去太和中的这“一”点虚灵不昧，就会立即灭绝。

治国利民的侯王如失去这“一”的状态，则江山不稳，国政不宁，万民不安，侯王之贵爵就会倒垮，江山也随之颠覆。

故贵以贱为本，高以下为基。是以侯王自谓孤、寡、不毂。此其以贱为本邪？非乎！故致数舆无舆。不欲琭琭如玉，珞珞如石。

【释义】

“道”的体性是中平。所以，贵必须以贱为根本，高必须以下为基础。只有这样，才能合“道”。

因此，侯王自称为“孤”、“寡”、“不毂”。这不正是“贵以贱为本”么？难道不是么？其实，侯王这样做，正是为了达到平衡，以合于“道”。

这和造车的道理一样。车未造成时，有各种大小、长短不同的零件，各自分立，自以为是。未组合在一起时，有大小、长短、曲直之分，而在车造成后，各种零件同合于一车之中，共同起着运载的功能，其零件的长短、大小、高低、贵贱等差别即全部消失于此车之中。

美玉本来是珍贵的，石头本来是粗贱的。为了使两者达到平衡与统一，使其贵贱相合于一体之中，我不看重珍贵华美的琭琭之玉，亦不厌弃粗糙鄙陋的珞珞之石。而将它们平等看待，不分贵贱。

此章总旨，在于说明万事万物皆分为对立的两个方面，这两个方面的平衡、和合与统一，可以得到好的、吉的结果；反之，若彼此分裂，阴阳不交，不能和合与统一，则必然得到坏的、凶的结果。

本章主要讲了对立面和合统一的重要性。

第四十章

反者，道之动。

【释义】

宇宙万物繁盛的反面——虚静之处，含藏着无穷的生发动力，故《周易·系辞》下传云："尺蠖之屈，以求信也；龙蛇之蛰，以存身也；精义入神，以致用也。利用安身，以崇德也，过此以往，未之或知也。穷神知化，德之盛也。"

现以十二月之卦象的运变为例，阐述这一规律：

十月，为至阴至静之时，其卦为坤，其象为☷，六位皆阴，是纯阴之体。此纯阴之体不能久留，必移于十一月。

十一月，虽为至寒，但一阳已生于下，其卦为复。复者，一阳来复也，其象为䷗，五位属阴，一位属阳。所谓"冬至一阳生"，乃是此意。渐趋于十二月。

十二月，其卦为临，其象为䷒，临即天地之生气到来之意。由此渐移于正月。

正月，其卦为泰，其象为䷊。泰者，通也，即天地生气通畅之意。万物草木皆应此而生。此时三阴三阳、阴阳相等，气候温平。所谓"三阳开泰"即是此意。天开于子为一阳，地辟于丑为二阳，人生于寅为三阳。"春"字三横是表示三阳。中间透一"人"字，是取人生于寅之意，下有一"日"字，是取日光普照才得春暖花开之意。春暖花开，万物复苏，由三阳所致。天道运行，必移于二月。

二月，其卦为大壮，其象为䷡。壮者，草木由幼弱至壮之意。此卦四阳二阴，阳大于阴，此为壮盛之意。渐移于三月。

三月，其卦为夬，其象为䷪。夬者，决也，阳决阴也。只有一阴，阳势强大逼决一阴之意。渐移于四月。

四月，其卦为乾，其象为䷀。乾为纯阳，是阳极之谓，此时万物迅猛生长，达至极盛。物极必反，阳至而阴。在阳达至极之时，必然生阴。故至阳的四月必移于一阴的五月。

五月，其卦为姤，其象为䷫。姤者，遇也，阳遇阴也。虽上有五阳，但下已有一阴渐生，事物发展的总趋势已开始逆转，向阴回复。渐移至六月。

六月，其卦为遁，其象为䷠。遁者，退藏也。是阴渐长而阳渐退藏的意思。

七月，其卦为否，其象为䷋。否者，塞也。此月虽是阴阳平衡之时，但生气已闭塞，与正月相反。正月是三阴在上而渐消，三阳在下而渐长；七月则是三阳在上而渐消，三阴在下而渐长。此谓之否。

八月，其卦为观，其象为䷓。观者，看也。是阴气显著而大为可观之意。

九月，其卦为剥，其象为䷖。剥者，落也。即万物凋零、衰落之意。

十月，又复坤卦，达至纯阴，万物枯亡，生机已尽。但阴极必反阳，冬至一阳生，又会阳长阴消，进入下一周期。坤卦虽是纯阴主体，天地万物的生机均含藏于其中。

从以上事例可以看出，万物是在阴阳消长中，往来伸屈，周而复始地运化着，但繁盛的反面即虚静之处，含藏着无限的生发动力。这就是“道”的运化规律。所谓“反者道之动”，盖是此意。

弱者，道之用。

【释义】

事物的运化是向反面趋移，是阴至而阳，阳至而阴，物极必反。

从这一运动的规律看，立足于冬，必走向夏；立足于夏，必走向冬；立足于昼，必走向夜；立足于夜，必走向昼；立足于盛，必走向衰；立足于衰，必走向盛。

同样道理，立足于刚，则必走向柔；立足于柔，则必走向刚；立足于强，则必走向弱；立足于弱，则必走向强。只有立足柔弱，才能走向刚强。凡强大之物皆来自弱小，“合抱之木生于毫末”。因而，只有处事柔弱、不争、谦下，方可成就大事业，达到成功之目的。这就是“为无为而无不为”。

天下之物[①]生于有[②]，有生于无[③]。

【注解】

①物：指芸芸众生的亿万生灵。

②有：指天地阴阳之有形象的事物。

③无：指无形无象的混元无极，即“道”。

【释义】

天下芸芸众生的亿万生灵产生于天地阴阳，天地阴阳来自混元一气的无形大“道”。

本章主要讲了自然界的辩证法。

第四十一章

上士闻道，勤而行之；中士闻道，若存若亡；下士闻道，大笑之。不笑，不足以为道。

【释义】

清静无为的真常之道，视之不见，听之不闻，搏之不得，空洞虚无，至为微妙，完全不同于凡见的万事万物。天性纯全，未被后天机智情欲凿丧的上等之士闻之，必能领悟其奥妙，躬身以行。天性半备的中等之士闻此道，虽能略知其中奥妙但较肤浅，半信半疑，因而若行若止，顾虑重重。下等之士，其天性全被七情六欲、机智巧诈而蒙蔽，不知进道修德，只想贪享世味，追逐名利，其心其行，背道而驰。因而，他们闻知恬淡无为的大道，根本不屑一顾，甚至嗤之以鼻，哈哈大笑。如果不被这般人嗤笑，就不足以显示它的重大意义了。

故建言有之：明道若昧，进道若退，夷道若颣。

【释义】

关于上士闻“道”的勤行、下士闻“道”的大笑，于此立言明示：

明了大“道”的人，不露锋芒，含藏内敛，不尚机智，庸庸愚愚，似无所知；对大“道”有进向的人自然无为，潜默自修，黯然自养，事事不敢为天下先，处处以为己不足；讲“道”之人，言行举止，平常自然，与众生同处，而丝毫不出风头，无异常人。

上德若谷，大白若辱，广德若不足，建德若偷，质真若渝。

【释义】

“无为”之德，谓之“上德”，“上德不德，是以有德”，因而广大之德，亦如空谷一样，不见其德。

大白妙道之人，修内而忘外，不择贵贱，不介是非，忘其尊卑，居下而自安。

有大德的人，谦虚谨慎，常常感到自己德不足。

建德之人，虽积德已厚，却自以薄处。

天真纯素，真诚不妄之人，内心虽朴实敦厚，外貌如素体，可随方就圆，顺五色而变。

大方无隅，大器晚成，大音希声，大象无形，道隐无名。夫唯道，善贷且成。

【释义】

端方正直的人，虽坦然大公，堂堂正正，却似一大中至正之圆，无棱无角，不伤害他人。

成大器的人，无不经受长期磨炼，艰苦奋斗。姜尚直至八十余岁才辅佐文王灭纣兴周，大展宏图，功勋卓著。此乃“大器晚成”的典型例子。

大“道”“听之不闻”，犹“视之不见”，因而最大的声音是无声，谓之“希声”。

“道”无形象，“视之不足见”。因而，最大的物象是无形之象。

虚无自然的真常之道，隐含在天地万物之内，无名象可睹可闻。此谓“道隐无名”。

大“道”虽无形象，下士闻之而大笑，但只有“道”善于辅助，万物才得之以成。

第四十二章

道生一，一生二，二生三，三生万物。

【释义】

无极太空生出一气，一气分出阴阳二气，二气和合生出中合之气，阴、阳和三气生出自然万物。

这是宇宙起源论，指出三气由虚空生出，万物由三气生出。

万物负阴而抱阳，冲气以为和。

【释义】

自然界存在有天地、日月、昼夜、晦明、阴晴、寒热、炎凉等方面。那自然界之间，虽有大千世界、森罗万象、芸芸众生，其中仍均含着尊卑、美丑、善恶、贫富、贵贱、吉凶、成败、兴衰、利害、是非等两重性。古人将这两重性命名为“阴”“阳”，是对自然界的一切事物的最高概括。既知宇宙之间的一切事物都会含有“阴”“阳”两重性，故事物中无论大小、多少，其中都是“利”“弊”并存、“祸”“福”相依、“是”“非”互施。利弊、祸福、是非在事物变化中相辅相成，故本经义中讲的“万物负阴而抱阳”即是此意。事物中心的两重性保持“和”的位置最佳，故曰：“冲气以为和”。

自然万物虽千差万别，形态各异，但它们都由阴阳二气和合而成，都包含着阴阳两种物质因子，包含着内在的矛盾。这两种相反而矛盾的物质因子是互相补充、彼此和谐的，它们是对立统一的。

阴阳二气的妙用在于和。故曰：冲气以为和。

人之所恶，唯孤寡不穀，而王公以为称。故物或损之而益，或益之而损。

【释义】

常人最厌恶的是“孤”、“寡”和“不穀”，而至为尊贵的帝王却自称为“孤家”、“寡人”。这是虚心谦下、上下取和之意。

事物常以谦下损己而得益，以尊贵益己反招祸。为人谦下，则受益不浅；高傲自大，必有损于己。

人之所教，我亦教之。强梁者不得其死。吾将以为教父。

【释义】

古之以此道理教化人们，教人戒骄戒躁，谦让居下，忍辱仁柔，我也以此而教之。

横暴强梁之人，仗权势，施淫威，伤天害理，他们必自种恶果，成为众矢之的，不得好死。我将以此为鉴镜，作为教育别人的根本。

第四十三章

天下之至柔，驰骋天下之至坚。无有入于无间。吾是以知无为之有益。不言之教，无为之益，天下希及之。

【释义】

遍满太空的真空妙气，虽至虚至柔，却可驰骋天下，能渗入任何致密而坚硬的物体，在里面自由出入，穿来穿去。我由此可以类推，“无为”也和这种无形之气一样，可以无所不至，无所不为，无所不成，收到特殊的效果。“道”不言而教，不令而从，无为无造，无形无象，然而它的功能是天下任何事物不能企及的。

第四十四章

名与身孰亲？身与货孰多？得与亡孰病？

【释义】

虚荣和身体相比，哪个最亲？身体和钱财相较，哪个最多？得到名利却命丧黄泉，哪个是病？

是故甚爱必大费，多藏必厚亡。

【释义】

贪图名利之心愈甚，劳人身心、耗人精气愈多。不义之财积藏得越多，招祸亡身的危险性越大。

知足不辱，知止不殆，可以长久。

【释义】

名誉钱财皆为身外之物，人不可没有它们，但取之有道，得之有理，享之有量，不可贪之过甚。只有知道满足，才不会遭辱身之祸，只有适可而止，才不会遭亡身之灾，而可以平安无事，免遭祸殃，寿尽天年。

第四十五章

大成若缺，其用不弊。大盈若冲，其用不穷。

【释义】

生万物、成万物者，是气化的自然之道，然则无形无象，犹若缺然不足。

充满宇宙的自然元气，好似真空一样，但它可生物生人，妙用无穷无尽。

大直若屈，大巧若拙，大辩若讷。

【释义】

真空妙气，生育成就万物而不存私，最为正直。然而它却因理顺物，不与物争，好似受委屈一样。

天地间飞禽走兽，品物万类，千姿百态，精巧无比，它们无不由“道”雕琢而成。然而“道”无为无造，好似笨拙者一样。

天道运行，四时成序，寒暑往来，昼夜交替，极有规律，一清二楚，然而它却一言不发。

躁胜寒，静胜热。清静为天下正。

【释义】

寒与热即阴与阳，它们是两种相反的能量，阳动阴静，作用功能截然相反。

然而，人急走或奔跑可以战胜寒冷，安静下来则可以克服暑热。

由此可知，阴阳二端，各有所偏，相胜相负，皆非大中至正的自然真一妙道。只有清静无为的虚无大道，体性圆满，中正不偏，是谓天下之正道。

第四十六章

天下有道，却走马以粪；天下无道，戎马生于郊。

【释义】

恬淡无为的自然之道行于天下，各国必安守本分，无争无战，和平相处，马亦守其本分，事农耕田，引重致远，为正常的人生效力。

天下无此无为之道，人失其常，物弃其份，各国必争城掠地，互相攻伐，互相残杀，战火不息，马亦弃分，长年作战于郊外。

罪莫大于可欲，祸莫大于不知足，咎莫大于欲得。

【释义】

所有这些兴兵动战、伤残百姓的罪恶，皆由私欲过甚、贪得无厌引起。因而，灾祸没有大于不知足的，罪过没有大于贪得无厌的。

故，知足之足，常足矣。

【释义】

所以，只有具有知足之心的人，才会经常感到满足，而不去侵夺别人，避免咎祸和罪过。

第四十七章

不出户，知天下；不窥牖，见天道。其出弥远，其知弥少。是以圣人，不行而知，不见而明，不为而成。

【释义】

有“道”之人，视天下人之身，亦我之身；天下人之心，亦我之心；我之所恶，天下人亦必恶之；我之所好，天下人亦必好之。虽不出门，而反观我之身心，则天下人之身心尽知矣。

横暴强梁，我之所厌而弃之；柔弱谦下，我之所爱而好之。强梁横暴者不得善终，柔弱谦下者必获吉庆。此乃自然之理。知此道理，不窥窗外，亦可知此乃天道矣。

大千世界，复杂万端，变幻无穷。若舍己而外索，追逐事物的外在之末，舍己求外，忘本逐末，则走得越远，懂得越少。所以，立足自身，抱其根本，是为至要。人是一小宇宙，天地是一大宇宙。不知小宇宙，焉知大宇宙？不知自我，焉知外物？

所以，圣人不必走得很远就可知道物我之情，不必事事经历就可明晓物我之理，不必强作妄为就可达到成功。

本章主旨在于强调人的认识应首先立足于自我，只要反观内照，认识了自己的一切，就可明晓外物之理。“自我”是第一认识对象。

第四十八章

为学日益，为道日损。损之又损，以至于无为。无为而无不为。

【释义】

常人为学，旨在积累知识，日积月累，其知识量亦日益剧增，乃至博学多才。

与此相反，修道的人则在不断地剔除杂念，减少思虑，以至达到一念不起、性体圆明、自然无为之境界。达此境界，则心若明镜，亦若皓月，对天地万物的微妙玄理，无不洞观普照。

取天下常以无事。及其有事，不足以取天下。

【释义】

同样道理，治理天下的君王，仍须以“无为”为本，少私寡欲，不施苛政，不动兵戈，持以无事。若贪欲过甚，妄施机诈，乱施淫威，压迫人民，则必遭人民反抗，天下纷乱，难以治理。

第四十九章

圣人无常心，以百姓心为心。善者，吾善之；不善者，吾亦善之，德善。信者，吾信之；不信者，吾亦信之，德信。

【释义】

有“道”的圣人，他们无私无偏，不固执个人之见；他们大公无私，不贪名利，而以百姓之心为己之心，以万民利益为至上，能热爱百姓，处处为百姓着想，先天下之忧而忧，后天下之乐而乐。

对万民百姓，善良的人，我以善心对待之，不善良的人，我也以善心对待之。这样，可使不善者转变为善者，使人们同归于善。对于信实之人，我以诚信之心对待之，对于不信实的人，我也以诚信之心对待之，使不信实的人，转变为信实之人，使大家同归于忠诚信实。

圣人在天下歙歙[①]，为天下浑其心，百姓皆注其耳目，圣人皆孩之。

【注解】

①歙歙：恐惧之意。

【释义】

圣人在天下处处谦虚谨慎，含藏内敛，不露锋芒，与万民和光同尘，不论尊卑，不分贵贱，对大家一视同仁，平等看待，其心与万民之心浑然一体。

常人多专注于耳目之见闻，限于个人之利益。圣人之心则如初生婴儿之心，洁白纯素，无私无欲，无执无偏，天性浑然纯全。

第五十章

出生入死。生之徒十有三，死之徒十有三，人之生，动之死地，亦十有三。夫何故？以其生生之厚。

【释义】

人生为出，死去为入。生来死去，新陈代谢，乃自然之规律。然而，人生死大致分三种情况：

一、顺自然而生息、无病无灾、享尽天年而亡的，约占十分之三。

二、因先天不足、体质较差或生病伤残而未尽天年、中途夭亡的，约占十分之三。

三、因恣情纵欲、贪色好酒、追名逐利、生活奢侈、享受过甚、贪生过厚而夭亡的，亦占十分之三。这第三类条件优越而夭亡是什么原因呢？是因为生活条件太优厚了。

古代帝王生活条件最为优厚，而大都短命，就是这方面的突出例子。

盖闻善摄生者，陆行不遇兕虎，入军不被甲兵。兕无所投其角，虎无所措其爪，兵无所容其刃。夫何故？以其无死地。

【释义】

闻知精于养生之道的人，十分中只有一分。他们恬淡无为，少私寡欲，心地善良，体性圆明，物我一体，无所不容，大慈大悲，毫无恶念。由于他们德行极高，且有善良的精神信息感应于外，或因练功已达上乘功夫，具有某种特异功能可以控制身外生命的意念及行为，因而，他们能陆行不与兕虎遭遇，入军不被甲兵所伤。所以，兕牛用不上它的角，猛虎用不上它的爪，甲兵用不上它的刃。这又是什么原因呢？是因为他们没有致死的地方。

有的住在深山密林中、功夫很深的人，终年与野兽打交道，但从未受伤残。

据《楼观先师碑石》载：魏废帝时，有张法乐隐居耿谷，乐道忘怀，尝有猛虎造室，恬然不顾，亦不加害。养奇禽千计，呼皆就掌取食，了无惊猜。魏文帝时，真人陈宝炽，密行于楼观，抱负弘阔，人莫能窥，出入山间，时见白虎驯逐，因此文帝招访治理之道，并问驯虎之术，对曰："抚我则厚，虎犹民也；虐我则怨，民犹虎也，何术之有？"自原始时代，人心淳朴，性体清静，无念无欲，人与兽同居而互属相助，人无猎兽害命之心，兽亦无反伤人之举。此后由于人的情欲动、贪心起，欲猎兽以饱口福，于是，禽兽与人结下了不可解的怨仇，故始有人害兽而兽伤人往还之报。这是一种精神信息的感应现象，并无神秘之处。

第五十一章

道生之，德畜之，物形之，器成之。是以万物莫不尊道而贵德。道之尊，德之贵，夫莫之命，而常自然。

【释义】

天地万物无不由浑沦一气的无极大“道”所生。

物之得于“道”者，便是“德”。含蕴滋润、辅翼陶成者，皆是“德”之所蓄。

万物由“道”生“德”（蓄）而后有其形体。

有形体后必由小至大，发育成熟，生殖繁衍。

万物的生、长、成、藏皆由“道”和“德”造成，因而它们没有不尊“道”而贵“德”的。“道”之所以尊，“德”之所以贵，是因为它生养成藏万物并非有意作为，而是自然而然的变化的过程。

故道生之、德畜之、长之、育之、成之、熟之、养之、覆之。

【释义】

化机滋阳谓之生，阴阳内含谓之蓄，昼夜变化谓之长，五气润和谓之育，体性完全谓之成，神全气正谓之熟，保根固性谓之养，护其所伤谓之覆。万物从无到有，由始至终，无不是“道”“德”之所为。

生而不有，为而不恃，长而不宰，是谓玄德。

【释义】

“道”生万物，“德”蓄万物，而不以为自有功；生化成藏皆是“道”之所为，而它却不自恃其能，长养了万物而不加宰制。这就是广大深远的至极之德。

第五十二章

天下有始，以为天下母。既得其母，以知其子。既知其子，复守其母，没身不殆。

【释义】

宇宙间的万事万物有一个统一的、共同的起始。这个起始，就是产生万事万物的本根。如果认识并掌握了这个本根，就可以理解由此而产生的万事万物。遵循这个本根的原则，终生不会有危险。

塞其兑，闭其门，终身不勤。开其兑，济其事，终身不救。

【释义】

兑为口，门为眼。虚无大道，无色无声，无臭无味。色、声、味、臭之有形有象者，皆非“道”之体性。若贪求色声美味，追逐名利地位，逐末忘本，必背道失道，终生不可救药；若清心寡欲，闭目塞口，不追逐这些身外之物而恬淡自养，积精累气，固根抱本，则可延年益寿，终生不会有病灾。

见小曰明，守柔曰强。用其光，复归其明，无遗身殃，是谓袭常。

【释义】

任何事物都是由小至大，由微而著发展而成的。只有谨察事物至微之原始，而不是忘本逐末，才算明智。

柔弱谦下是“道”之妙用，它可制服任何刚强之事物，水就是一例。只有持守柔弱的人，才算是最刚强者。柔能克刚，阴能胜阳，柔弱胜刚强。发挥内含着的光和热，遇事有先见之明，就不会带来危险和祸殃。这就是守本固根的“常道”。

第五十三章

使我介然有知，行于大道，唯施是畏。大道甚夷，民甚好径。

【释义】

使我深刻地领悟到了清静无为之道的玄理妙用，我就以此去实行。然而我最担心的是在实行中走邪路。其实，清静无为的自然之道犹如平坦的大路，很平坦，至简至易，以此道治国必然国泰民安。然而，常人因私欲太重、贪求享乐，每每妄为而背离了此道，却好走繁难、艰险、崎岖之小道——邪路。

朝甚除，田甚芜，仓甚虚。服文采，带利剑，厌饮食，财货有余。是谓盗夸，非道也哉。

【释义】

朝廷的宫殿修得高大宏伟，精致华丽；国民的精力、资力皆耗于此。

农民由于不能尽力耕作，延误农时，田园由此荒芜，年岁无收，以致民无积蓄、国无库存。然而，君王、贵族、豪门身着华美的锦衣，以风流耀显于民，饱餐着高等饮食，耗用民脂民膏，仗权位私积财货，导致国民经济危困，不自省悟，反认为他是万民之主，是治国理民者。其实不然，民视之如寇仇，是谓天下最大的强盗。

这样做，是对“道”的背叛，绝非以“道”治国。如此必然遭到天道的惩罚，人伦的谴责，天人共怨，万姓同诛，自然走向灭亡。

第五十四章

善建者不拔，善抱者不脱，子孙祭祀不辍。

【释义】

自然万物，生灭兴衰，无不处于时时变易之中，唯有大中至正的虚无之道“独立而不改”。以“道”的原则举事立业，治国安邦，其基必固，不可动摇。抱此“道”者，可根深蒂固，长治久安，无有失脱亡国之患。如此这般，可受到子孙万代的敬仰、怀念、颂扬和祭祀。

修之身，其德乃真；修之家，其德乃余；修之乡，其德乃长；修之国，其德乃丰；修之天下，其德乃普。

【释义】

用“道”的原则修身，其德可以朴实纯真；将此原则贯彻于治家，其德可以绰绰有余；将此原则贯彻到乡，其德可以作为楷模；将此原则用之于国，其德可以使民心真朴，风气纯正，路不拾遗，夜不闭户；将此原则贯彻于天下，则可使纯正之德普遍广大，若皓月当空，无处不照，使天下安定，万国九州，和睦相处，相安无事。

故，以身观身，以家观家，以乡观乡，以国观国，以天下观天下。吾何以知天下之然哉？以此。

【释义】

孔儒继承了“以身观身”的这一宗旨，故缔造了“忠恕”之道。忠者，是对事物尽心真诚，无有丝毫虚情假意。恕者，仍是指自身推别人之心，故在忠恕之道中他讲“以人治人”、“已所不欲，勿施于人”。意即，以自己之心推别人之心，自己不愿意的东西别人亦不爱，因此，在为人处事中，对人对事都不能把自己不愿意的事物强加于人。故本经在此章中认为，治国理民时，虽然人处在茫茫人海之中、错综复杂的事物之间，对某一个人或某一种事物都必须依此章中讲的“以身观身，以家观家，以国观国”的这一宗旨，去交人、处事，如此才能万无一失。

所以，我身因修此“道”，能心正意诚，神旺气足，身康体健，以此观他人之身，亦必同理；我家因修此道，六亲和睦，父慈子孝，家业兴旺，以此观他家，亦然；我乡因修此道，相亲相爱，和睦相处，无争无斗，以此观他乡，同样；我国因修此道，君正臣忠，民心淳朴，百业兴旺，国泰民安，以此观他国，无异；今道行天下，德遍九州，普天同庆，万民安乐，以此观未来，必然如此。

我为什么能对天下盘根错节的事物这样简单容易地处理呢？就是以己身推别人之身的这一种情理，就是用了以上“由近及远，由此及彼”的类推方法。故本章经最后一句说 ：“以此。”

第五十五章

含德之厚，比于赤子。毒虫不螫，猛兽不据，攫鸟不搏，骨弱筋柔而握固，未知牝牡之合而朘作，精之至；终日号而不嗄，和之至。

【释义】

此章以“赤子”比喻修道之深、养德之厚的妙用。《庄子·逍遥游》云：“藐姑射之山，有神人居焉，肌肤若冰雪，绰约若处子。不食五谷，吸风饮露，乘云气，御飞龙，而游四海之外。其神凝，使物不疵疠而年谷熟……将磅礴万物，以为一世蕲乎乱，孰弊弊焉，以天下为事。之人也，物莫之伤，大浸稽天而不溺，大旱金石流，土山焦而不热……”这是对得道之妙用的具体描绘。

得道之真人，气足神旺，身体健康，冬天不冷，夏天不热，入水不溺，入火不焚，体性纯全，自我调控，邪魔不入，百病不生，体格柔和，动静自如，元气醇和，无思无虑，若初生之婴儿。毒虫见之不刺，猛兽见之不扑，恶鸟见之不抓。虽然骨嫩筋柔，握持却很牢固。虽不知男女交合之事，阳物却常勃起，这是因为他的元精、元气、元神极为充沛。他终日哭叫而声不哑，这是因为他先天元气醇和之故。

知和曰常，知常曰明，益生曰祥，心使气曰强。

【释义】

知道了阴阳平衡，元气醇和，就叫做“常”。知道了“常”

就叫做“明”。

为了长命而厚其生，越人为地追求长生，越达不到目的。只有自然无为，不贪生，不厚生，无意于长生，才能自然延长寿命。静极生动，只有心静下来，去除杂念，不思不想，元气才能自行畅通，流经百脉。如果用意志支配精气，必然破坏气流的正常秩序，扰乱它的正常运行。这是“有为”，是人为的逞强，此乃练功之大忌。

物壮则老，是谓不道。不道早已。

【释义】

气强硬，使肌肤强壮，然而物强壮了就要衰老，走向反面。这就失了冲和之性——“常”，也就是背离了“道”。背离了“道”，不仅不能长生，反而会过早夭亡。

养生之道和处世之道，最宜谦下柔和。若心静神清，其气自然柔和深长。心不静则意不定，意不定则神不凝，神不凝，心必粗暴、强硬。气的柔和及强硬其根在心。

处事交人，如骄傲、逞强、背离道“和”的属性，同样不会长久。经中讲的“物壮则老，是谓不道，不道早已”，即是此意。

第五十六章

知者不言，言者不知。

【释义】

太上混元无极大道，是天地之始，万物之本，其妙用无穷，只可意会，言语无法表达。此谓“知者不言”。书不尽言，言不尽意。言语能表达出来的，是粗浅的，有形的事物之末，而不是微妙玄通的“天地之始”，此谓“言者不知”。

塞其兑①，闭其门②。

【注解】

①兑：口。

②门：眼、耳、鼻。

【释义】

既知“微妙玄通”是物之妙，言语无法表达，应“塞兑静养”。《道德经》首章提到“无欲观其妙”，正是此意。天地之始，万物之母，造化之机，口不能言，目不能视，耳不能闻，鼻不能嗅。故第十四章中说：“视之不见名曰夷，听之不闻名曰希，搏之不得名曰微，此三者不可致诘，故混而为一。”

此段是教人要塞兑闭门，静养天真，清静六根，断诸邪障。

挫其锐①，解其纷②。

【注解】

①锐：刀剑之锋刃。

②纷：纷纭杂乱。

【释义】

人因贪名逐利，自知、自见、自伐、自矜、自是，机智炫露，似同刀剑之锋刃。舆接为构，日以心斗，互为交争，致使灵堂不能清静。修身者，必以不自知、不自见、不自伐、不自矜、不自是为首要功夫，韬光养晦，慎养天真。所谓“挫其锐”者，即是此义。

人因情欲过度，致使“忧苦身心……流浪生死，长沉苦海，永失真道”。日昏夜茫，无有头绪，犹如藩篱纵横交错，纷扰束缚，元神不能自主。欲求解脱，何时解脱？“能拼众缘，永除染着，内相不出，外相不入。于正念中，乃得五脏清凉，六腑调泰，三百六十骨节之间有诸滞碍，十恶之业，百八十烦恼之业，众苦罪源悉皆除荡”，是谓“解其纷”。

和其光①，同其尘②。

【注解】

①光：智慧，德行。

②尘：尘世，俗情。

【释义】

此段是说修身者素日不可炫露己德，以己为是，应取圣人无常心，以百姓心为心，“方而不割，廉而不刿，直而不肆，光而不耀”，于众物各自发挥，如同火照火，水入水，融为一体，此乃“和其光”。不能树己身而异于人，不能以己之高洁而弃丑陋。无人我之分，贤愚之介，打起尘劳，如土和土，此谓“同其尘”。

是谓玄①同。

【注解】

①深远不测的意思。

【释义】

与物能“和其光，同其尘”，这才和深远不测的无极大道同为体用了。

故不可得而亲，亦不可得而疏；不可得而利，亦不可得而害；不可得而贵，亦不可得而贱。故为天下贵。

【释义】

深远不测的无极大道是混成一气。本无内外之分，岂有亲疏之别；本无左右之异，哪有利害之论；本无高下之等，怎有贵贱之殊。无内无外，无左无右，无上无下，无有亲疏、利害、贵贱的混元无极大道，才是最为珍贵的。

第五十七章

以正[①]治国，以奇[②]用兵，以无事取天下。

【注解】

①正：端方，贞固。

②奇：诡诈，怪异。

【释义】

此段经义是说执政者要遵循天道自然的规律，顺从人间伦理常情，大公无私，端方正直治理国家。但用兵却相反，要取得天下太平，须安分守己，不可妄生事端。《道德经》第四十六章中说："罪莫大于可欲，祸莫大于不知足，咎莫大于欲得，故知足之足，常足矣。"天下大乱皆因不知足，以致妄生事端。要想天下太平，必须知足安分，不可妄生事端，扰乱庶民。只有这样，人民才能安居乐业，四海宁静，天下太平。

吾何以知天下其然哉？以此：

【释义】

我为什么能知道以无事能取得天下太平呢？就由以下的根据才知道：

天下多忌讳，而民弥贫；人多利器，国家滋昏；人多伎巧，奇物滋起；法令滋彰，盗贼多有。

【释义】

君主施政，令繁则奸出，禁多则民困。禁令繁多，必妨民事，使民不能尽其生发。民不能尽其生发，如束手足，必然贫困，无法自拔。

“利器”者，指圣人以自我德行、智能遵循天道之自然，顺人伦之常情，总国家之纲纪，持权柄治国理民。庄子曰：“彼圣人者，天下之利器也，非以明天下也。”他是说，圣人的德行、智能，只可内含自修，使民潜移默化，而不可昭昭炫露。如彰示于人，那不仁者必窃之，致使上下颠倒，是非混淆，横施天下，导致国家混乱。

国民最宜同处在浑厚朴实的淳风之中。器机者，是民在生息中之所必需。《周易·系辞》说：“包牺氏没，神农氏作，斲木为耜，揉木为耒，耒耨之利，以教天下，盖取诸益……服牛乘马，引重致远，以利天下，盖取诸随。重门击柝，以待暴客，盖取诸豫。断木为杵，掘地为臼，杵臼之利，万民以济，盖取诸小过。弦木为弧，剡木为矢，弧矢之利，以威天下，盖取诸睽。上古穴居而野处，后世圣人易之以宫室，上栋下宇，以待风雨，盖取诸大壮。”由此可知，从古到今，器械按民之所需而出于自然。因机智出，技巧生，非正常并没有使用价值的古怪奇物随之滋生，民必弃常而务技巧，滥用资力。此谓“人多技巧，奇物滋起”。

教民内修道德，外行仁义，知天理之当然，晓人伦之常规，举止皆符合于天理人情。故《论语·为政》中说：“道之以政，齐之以刑，民免而无耻；道之以德，齐之以礼，有耻且格。”民如慎修之德于内，谨行仁义于外，根本不会违法乱纪。相反，人如内心失去道德，外无仁义之行，他就不怕犯法，法令愈严，相应盗贼愈多。此谓“法令滋彰，盗贼多有”。

故圣人云：我无为而民自化，我无事而民自富，我好静而民自正，我无欲而民自朴。

【释义】

所以，体现自然之道的圣人，取法天地生长万物的自然无为之德，不背理徇私，而事事顺乎天理，应乎人心，不作不为以感天下之众。因此，天下之民众皆安居乐业而自化。此谓“我无为而民自化”。人君戒除贪欲之心，不好事，不妄为，不求荣贵，不劳民力，不妨民事。民能尽力耕而食，织而衣，乐其俗，安其居，美其服，甘其食，丰衣足食。此谓“我无事而民自富”。能取法自然无为之道的清静体性，虚心恬淡，自然而然，事事物物必顺其条理，各得其所，各有所用，各有所适。鸟不教而自在空中飞；兽不驯而自在山上跑；鱼不学而自在水中游；人自然父慈子孝，君正臣忠。此谓“我好静而民自正”。

第五十八章

其政闷闷，其民淳淳；其政察察，其民缺缺。

【释义】

治国者，应以自然、宽宏，没有高下、贵贱、贤愚、荣辱分别之心，体天地无不覆载的自然好生之德，国民自然会得到妥善的治理。王弼曰：“善治政者，无形、无名、无事、无政可举，闷闷然卒于大治”，此谓“其政闷闷”。民不知不觉各得其宜，各有所适，上下彼此不争不竞，而生活在淳朴厚实的浑化之中。又如王弼注曰：“其民无所争竞，宽大淳淳”，此谓“其民淳淳。”失去好生之德，政令烦苛，事事明察，物物检点，荣辱不共，贵贱有殊。“立刑名，明赏罚，以检奸伪”，此谓“其政察察”。而人民始感彼此有别，上下相隔，缺缺不足，此谓“其民缺缺”。

祸兮，福所倚；福兮，祸所伏。

【释义】

宇宙间的品物万类，虽然复杂万端，其造化之机及运化规律，莫不过对立统一而已。“祸”，是难、凶害、灾殃之类。“福”是吉、荣贵、昌达之类。无论哪一类事物，它的变化规律是向相反的方向转移。阴极生阳，阳极生阴，夏至后必移于冬，冬至后向于夏，周而复始，无有休止。人类亦是此理：人在贫穷时，与人相处态度谦恭，在事业方面向上奋发，其结果，人必辅助，事业必成功。贫穷虽是祸，可它无形中带着福。人若富贵，为人处世易横蛮骄傲，对事业易轻率为之，久而久之，人必厌恶，而事业必败。富贵虽是福，可它无形中隐含着祸。故《老子》第九章中说："富贵而骄，自遗其咎。"孟子曰："生于忧患，死于安乐。"亦与此意相通。社会变迁，仍遵循这一规律：犹如水向东流，一浪接一浪，兴了又向衰的一方转化，衰中又隐含着兴的因素。每个朝代在刚兴盛时期，必内修道德，外施仁政，处处以国事民生为重，政通人和，事事得宜。待至日久，以得民富国强，执政者贪求享乐，以荣贵执权，骄肆于民，于是引起了人民的反抗，酿成天下大乱。所谓"祸兮，福所倚；福兮，祸所伏"即是此意。它将自然界里一切事物的两重性相互转化之情理概括无遗。正如《周易·乾卦》："上九，亢龙有悔。象曰：贵而无位，高而无民，贤人在下位而无辅，是以动而有悔也。"因之老子还说"冲气以为和"，也就是事物发展变化时保持"和"的境界为佳。

孰知其极？其无正邪？正①复为奇②，善③复为妖④。民之迷，其日固久。

【注解】

①正：正气，端方、正义。

②奇：邪僻、怪异、奸诈。

③善：慈悲、仁德、恩惠。

④妖：诡异、恶毒、贼害。

【释义】

天地间一切事物就是这样成败交替，阴阳相易，祸福相倚。这种转化，或正或奇，或善或妖，是没有定向的。正可以转化为奇，善可以转化为妖。常人对这种转化原因，久已迷惑。

宇宙之间，它的总体功能在阴阳造化中运动，此二者在运动中都不能过极。天地虽大，过极都会产生不良的结果，如：旱涝不均，恶风暴雨，海啸地震，寒热不时等。这些都是由阴阳过极、运动失衡所致。故本经第二十三章中说：“飘风不终朝，骤雨不终日，孰为此者？天地，天地尚不能久，而况于人乎？”意即：天地虽大，阴阳过极，运动失衡，都会出现灾祸。天地之间大都是如此，何况区区事物？这种阴阳过极，运度失衡产生的不良现象在人类更为显著。人类对正气、正义与慈祥、善良这两类于众生有益的事物（人）器重、拥戴、崇敬。但如果他走向极端，仍会带来不良的结果。例如：唐之李世民生性慈祥，因处事交人过分善良，故累遭同胞诬陷之害；再如清代郑氏板桥生性端方，行事正直，累撞邪僻，故遭贬弃之祸。本经第二十二章说的“自见者不明，自是者不彰，自伐者无功，自矜者不长”，本章中说的“正复为奇，善复为妖”，均是阐明在为人处世的过程中，无论在哪一种情况环境下，都不宜执著、沉匿、偏激、超常、越分、走向极端。处于自然和谐的环境中，方可免去一切灾祸，长治久安。

是以圣人方而不割，廉而不刿，直而不肆，光而不耀。

【释义】

明了事物转化规律的圣人，明知品德端方、心性清廉、处事正直，智能聪明，是善、是好、是福，却不以端方、清廉、正直、聪明炫示于外，强加于人。圣人的品德虽然端方，却不以端方妨害于人；虽然心底清廉，却不以清廉刿伤于人；处事正直，却不以正直撞击于人；智能聪明，却不以聪明炫耀于人。这正是“知其雄，守其雌……知其白，守其黑……知其荣，守其辱”，与万物“和其光，同其尘，是谓玄同”的长生久视之道。

第五十九章

治人事天，莫若啬①。

【注解】

①啬：俭约。

【释义】

教天下之民，遵循人伦的自然常情，六亲和睦，长幼有序，上下慈孝，朋友有信，夫唱妇随，勤躬耕织，以求衣食。使民各遂其生，互不交争，安然相处，此为治人之义。虔诚谨俨，遵循天理，存心养性，不敢有丝毫伤天害理之心，是为侍奉上天之义。常人以为治民和奉天是两回事，其实不然，无论是治民或奉天均须以“啬”。“啬”，是收敛神气，俭约情欲，不敢见景忘真，肆意妄为。“治人事天”，莫过于此。

夫唯啬，是谓早服①。**早服谓之重积德。重积德，则无不克**。

【注解】

①服：有注为身心佩服。

【释义】

须臾不离谓之“服”。常人行事，临渴掘井，遇寒制衣，所以事事被动。“治人事天”，虽须遵循天理，纯全本性，收敛神气，虔心真诚，但最起码的，是预先身心佩服，向往须臾不离，行持不辍。只有这样才会治人必灵，事天必应。预先身心佩服，久而行之，自然全其天地之大德。深积厚养天地之大德，不但能“治人事天”，而且可做到无所不克。

无不克，则莫知其极；莫知其极，可以有国；有国之母[①]，可以长久。是谓深根固蒂，长生久视之道。

【注解】

①母：根本。

【释义】

积德深厚，不但可以做到无所不克，而且莫知其限量，重积德之妙用，不知其限量，而天下国家无有不在道德浑化之中。由此可知，治国之本，是深积无有限量的浑厚之德。如具备无有限量的浑厚之德，必可长治久安，根深蒂固，任何力量也拔不掉，解不脱。

此章经义是说，无论治理国民或事奉上天，事先均须心地纯一，真诚不妄，素养重积浑厚之德。以此为本，则民无不顺，事无不理，国无不治，并能稳固长久。

第六十章

治大国若烹小鲜[1]。

【注解】

①小鲜：小鱼。

【释义】

常言道：善于烹调者，可以治国。大国民众，风俗有殊，三教九流，其旨各异。若一一检点，必难办到。有道之君，欲治者，不论大小，均以投之于釜，掌握好火候。不轻举妄动，而能一心一意，文烹武炼，使火候不过、不及。先后缓急得宜，则鱼虽熟，其形大小自然齐全，不会搅烂。治国者，如不知此道，恣情纵欲，妄用机智，其政察察，法令滋彰。犹如烹鱼之在釜，不慎火候，胡乱搅动，鱼肉不待熟而溃散，愈搅愈混，愈治愈乱。

以道莅[1]**天下，其鬼**[2]**不神**[3]**；非其鬼不神，其神不伤民。非其神不伤民，圣人亦不伤民。夫两不相伤，故德交归焉。**

【注解】

①莅：当临解。

②鬼：不务正业，祸国殃民的愚顽之徒。

③神：神通。

【释义】

天地间一切事物由道生、德蓄。故万类无不尊道而贵德。圣君以清静、虚无妙道、天地好生之德临天下，治国理民，不但贤仁君子能尽其力，辅国安民，而且那些愚顽刁民，也不会兴妖作怪，玩弄神通。并非那些刁顽者没有神通可用，而是他的神通反为国民效力。其因何由？是因为有道可以一正压百邪。若圣人以道莅天下，视百姓如手足，爱万民若骨肉，对生灵不怀伤害之心，那些刁顽者，在圣德感化之下，便不会胡作非为，扰国乱民，圣君体天地好生之德，亦不伤害国民，两者均不伤民，其道同德合，同归于大顺。所谓“两不相伤，故德交归焉”，即是此意。

此章是说，以道莅天下，仁者、不仁者、智者、愚顽者、正者、邪恶者，在圣德的感化下，其德互为交归，互不相伤，同为国民效力。

第六十一章

大国者下流，天下之交。

【释义】

天下大乱，每因大国恃其强盛，欲吞并四海，独霸一统，扩张国土，有本钱凌辱小国，以致兴兵动战，万民遭殃。欲得天下太平，首先大国、强国要主动安守本分，取法水性，去高就下，虚心谦让。能以此交于天下，天下的国家必来投归而相处。

天下之交牝[①]，牝常以静胜牡[②]。

【注解】

①牝：阴性，主静。

②牡：阳性，主动。

【释义】

阴阳相交，阴性主静，阳性主动，牝必能制胜于牡。这是天地阴阳相交的自然之理。

以静为下，故大国以下小国，则取小国。小国以下大国，则取大国。

【释义】

既知阴以静取胜，那么大国就应效其阴静处下之道。所以，大国以谦让居下而交于小国，犹如牝以静定胜于牡动，是以不劳而获，不战而自胜，天下小国近悦而远谊，必四海宾服，如水东流而自归于江海。小国本没有威胁大国的力量，亦应安分守己，谦虚谨慎，安其小而从其大。本着真诚之心，以静处下，必能取得大国的抚爱和庇佑。

故或下以取，或下而取。大国不过欲兼畜人，小国不过欲入事人。

【释义】

所以，或因效牝静虚心自下，取得小国投归拥戴，或以安分居下而取大国的容纳庇佑。总之，有两个愿望：大国的目的不过是欲小国都来臣服；小国的目的不过是想不受大国、强国的侮辱欺凌，国土得以完整，百姓得以安宁，不被抛弃而已。

两者各得其所欲，故大者宜为下。

【释义】

如果大小国效法牝静，虚心谦下，定能达到两者的愿望。但最适宜的是大国首先虚心谦下，对小国抚之恩德，视天下如一家，大小同等。天下安危，主要由大国决定。

第六十二章

道者万物之奥[1]。

【注解】

①奥：深，且含有妙运的意思。

【释义】

清静虚无的自然之道生出了天地万物，天地万物又深藏于此道之中。大在六合之外，小在粒米之间，可谓造化万物之本始，生成万物之根蒂，其妙用无穷无尽。

善人之宝[1]**，不善人之所保**[2]。

【注解】

①宝：珍贵之意。

②保：保全，保持。

【释义】

能深究大道之奥理，行大道之妙用，体用悉备者，可谓善人；天资愚蠢、行事蛮横，背天理、逆人伦者，可谓不善人。凡善人，体道修之于身，行之于万事，无一时不本道以为用。所以能为善人者，是以道为宝。不善人因不体道之妙用，时行不善而遭罪咎。临罪咎而生悔悟，能戒除背道之行，离德之为，方可免去祸咎，保全生命，此为一义。又一义者，胡作非为的不善之人，常赖宽宏大量的有道之人来保全他。

美言可以市尊，美行可以加人。人之不善，何弃之有？

【释义】

善人以道为宝，其言行必法于道。“道之尊，德之贵，夫莫之命，而常自然”。美者，人人以有道德之言悦服、为善，故称美。有道德的善言，不只图善于己，当能公之于众。市者，聚众以公平交易之场所。有道德的善言最为公平，人人悦服，故曰：“美言可以市。”善人之宝在道，善人必遵道而行。有道之行，人人必尊。故曰：“美行可以加人。”《周易·彖辞上传》说：“君子居其室，出其言善，则千里之外应之，况其迩者乎？居其室，出其言不善，则千里之外违之，况其迩者乎？言出乎身，加乎民，行发乎迩，见乎远，言行君子之枢机。枢机之发，荣辱之主也。言行，君子之所以动天地也，不可不慎乎！”善人之所以为善人者，是因清静虚无之妙道充实于内心，自然好生之德发行于外身，其言行必善美而尊贵。如人人皆如此，善人由何而说起呢？就因有不善者，才显出善人。既如此，人之不善，何可弃之？故曰：“人之不善，何弃之有。”

故立天子，置三公，虽有拱璧以先驷马，不如坐进此道。

【释义】

常言道：“贵为天子，富有四海。”然天子所贵者，须贵之以道。如离道，贵不可长保。三公即太师、太傅、太保都是朝廷最大的卿臣，但仍须以道佐人主，修振朝纲，治国理民，三公之爵才可久立。如失道离德，祸国殃民，扰害生灵，必削其职、仍加其刑。拱璧是以双手捧起的玉璧，可谓珍贵之宝。人与亲人在生死关头，可以弃千金之璧，负赤子而趋。既知此，千金之璧，不如大道之所贵，拱璧不足以为贵，而贵者乃道也。驷马是为天子所乘，可算威严，然而不体之以“道”，不行之以“德”，百姓必感以厌恶，不悦而弃之。由此足证，天子之贵，三公之尊，拱璧驷马以先，都不如修道建德重要。

古之所以贵此道者何？不曰：求以得？有罪以免邪？故为天下贵。

【释义】

试考其上古之圣君，无不以此清静无为的自然之道治天下、统万民。既知如此，为什么不日修此道呢？求道有什么罪咎，可以不求免而自然会免掉。罪由何来？皆因失道离德，妄贪、妄为而自招。如日修此道，涤除妄念，摒除妄为，以恬淡素朴处之，罪咎自然消除。所以最珍贵的还是道。

第六十三章

为无为；事无事；味无味；

【释义】

圣人体虚无之妙道，法天地自然之德，不背理徇私，无为而自然成就。以无为而为，人不能知，不能见。如天道无为而无不覆，地德自然而无不载。两无为相合，万物自然化生，虽“无为，而无不为”。圣人顺天理，合人情，无有造作，不敢妄为，故国治而天下太平。常人贪名逐利，饮酒作乐，以此情欲为味。常言说：“君子之交淡如水，小人之交甘如醴。”小人专尚情欲之味，非长久之乐味。圣人以道为味，是无味之味。虽是无味之味，其味长久至极。

大小多少，报怨以德。

【释义】

修道者，不论大、小、多、少，于我有怨者，均以德报。“善者，吾善之，不善者吾亦善之。”“信者，吾信之，不信者，吾亦信之。”常人不然，不分大、小、多、少，以怨报怨，人由怨而加于我，我以怨还报于他。你还我报，一来一往，无有止期。如怨以德报，人必以德感，彼此相化为无事，其怨顿消。

图难于其易，为大于其细。天下难事，必作于易。天下大事，必作于细。是以圣人终不为大，故能成其大。

【释义】

欲图难事，先从易处着手；欲为大事，先于细处起步。天下难事，须从易处着手；天下大事，须从细处起步。这一规律，是不可逆转的，可谓必然规律。因此，依循这个规律的圣人，欲振国纲，治理天下，首先要从细微的心地上存其善良，建立好生之德，谦让处下。久而久之，德馨天下，声震四海。欲平天下，不刻意追求而自然成功。常人则不然。《周易·系辞下传》中说："善不积，不足以成名；恶不积，不足以灭身。小人以小善为无益而弗为也，以小恶为无伤而弗去也。是以恶积而不掩，罪大而不解。"《太上感应篇》言："故吉人语善、视善、行善，一日有三善，三年天必降之福；语恶、视恶、行恶，一日有三恶，三年天必降之祸。"举心运念，语、视、行虽为细小，但久而久之，量大质必变，其结果所带来的祸福却不小。方寸之心的一念虽小，起于正者有福，动于邪者种祸。

夫轻诺必寡信，多易必多难。是以圣人犹难之，故终无难。

【释义】

喜欢夸海口，妄自轻诺，以言语轻易许之于人，言行不能兑现，必无着落。行事不思前虑后，不量事之轻重，审事之可否，而轻浮浅躁，认为事事容易，其结果必然被动，困难重重。因此，圣人知易守难，常以易当难而作准备，所以终无困难。

第六十四章

其安易持。

【释义】

事物在安静的时候容易把持，如动荡起来，就难以把持了。修身者，更为切要。在内念未发、外物未接的宁静之时，洗心澄虑，万念俱消，才能达到清静真一、元神自在、母子相抱、神气相守、坎离相交、水火既济的境地。如不然，情欲一起，外物牵动，以致"烦恼妄想，忧苦神心，便遭浊辱，流浪生死，长沉苦海，永失真道"。

其未兆易谋，其脆易泮，其微易散。为之于未有，治之于未乱。合抱之木，生于毫末；九层之台，起于垒土；千里之行，始于足下。为者败之，执者失之。

【释义】

治国、谋事、修身亦然，均应在安静之时，未兆之先，脆弱之际，微小之期，未发生、未动乱之时，防患于未然。《周易·系辞下传》曰："子曰：危者，安其位者也；亡者，保其存者也；乱者，有其治者也。是故君子安而不忘危，存而不忘亡，治而不忘乱，是以身安而国家可保也。"又曰："其亡其亡，系于苞桑。君子知几其神乎！君子上交不谄，下交不渎，其知几乎，几者动之微，吉之先见者也。""颜氏之子，其殆庶几乎，有不善，未尝不知，知之未尝复行也。"天地间万物芸芸，千难百乱，它的产生发展，都是从未兆开始的。人的成形，或善或恶，或福或祸，或正大，或邪僻，在初生时，同样是一个无知无识的素体婴儿。其体性如一张洁白的素纸，无污而纯洁。如欲教他成材，首先其父母在素日的举止运念中，以道德给孩子做表率，再在言行仪表上公正无私，不狂不妄，庄重端严。这就给孩子在视听上作了一个楷模。久而久之，其孩子渐长，情欲渐开，在无形中不知不觉地成了材。反之，如在微小细脆之时不着手，待久习成性，那就不易解决了。合抱的大树，是从微小的毫末长成的；九层的高台，是用一筐筐的土垒起来的；千里之远行，一步步走才能到达。

此段的中心旨意，是教人在安泰时要有预防危险的准备；国家在大治时，要有预防变乱的准备；存在时，要有消亡的准备。不能在大治时，贪求享乐，在安静时横行逞狂，在富裕时挥霍浪费。贪其享乐，横行逞狂，挥霍浪费，不能认为是小事。如不在未兆、微小时纠正，而放任自流，将会蔓延发展，铸成大错，不可收拾。

是以圣人无为，故无败；无执，故无失。民之从事，常于几成而败之。慎终如始，则无败事。

【释义】

背理徇私的有为之为非败不可，违逆人伦的有执之执非失不可。因此圣人“知微知彰”，体虚无之妙道，循天理，顺人情，符物之自然而无为无执，所以无败无失。常人则不然，始以道德戒慎，行至中途，因贪世情而忘其道，往往将近成功而败之。如能始终如一，则一定能成功。

是以圣人欲不欲，不贵难得之货。学不学，复众人之所过。以辅万物之自然，而不敢为。

【释义】

常人之所欲者，是功名利禄，口得美味，耳闻乐音，目视丽色。孰不知功名显达，利禄色味，皆快于一时。圣人所欲，不是常人所欲，而是无为、无味、无事的无欲之欲。常人贵难得之利，圣人深知因贵以致祸端，故“不贵难得之货，使民不为盗”。有的人以奸诈诡怪为学，是奇是巧，弃真效伪。圣人所学的是清静无为、虚无自然的不学之学。我要回归到众人所过的无味之地，顺乎万物的自然生息，不敢有丝毫的故意造作和任性妄为。

第六十五章

古之善为道者，非以明[1]民，将以愚[2]之。

【注解】

①明：机智巧诈，侥幸炫耀。

②愚：浑厚淳朴，真诚自然。

【释义】

道为天地之始。天地有始，日月往来，阴阳升降，寒暑交替，四时成序，万物自然而然，有条不紊地生长收藏。未尝明彰法制、禁令，亦没有任何名教、法规。所以“道”在天地万物之中而天地万物不知。故古之圣君、明王善于法“道”的纯厚朴素之性，行无为之政，真诚自然地去治国理民。不教民玩弄机智，尔虞我诈，而是以纯粹朴素、真诚无妄导之于民，使民返朴还淳，去妄存诚，养其本来良知良能，以德化民，使君民默化在浑厚的淳风之中。“非以明民，将以愚之”，即是此意。

民之难治，以其智多，故以智治国，国之贼；不以智治国，国之福。知此两者亦稽式。

【释义】

人民为什么难治呢？是因为治国者以己为是，以己为然，内不充实道德。上对下以机智巧诈，欺哄于民；下者必以机智欺瞒于上，上下相欺，国纲必乱，伦理必乖，其贼害国民必不浅。善以道治国者，顺其自然，内心真诚，外行持以“和光，同尘”，不逆于理，不背于道。含其辉，韬其明，无事、无为、无欲，天下自然太平，其福莫大于此。以“智”治国，不但不能成功，反而倒遭贼害。不以机智治国，体无为，顺自然，随民情，又简又易，有福于民。以智“贼”，不以智“福”，此两者为治国平天下之法。

常知稽式，是谓玄德。玄德深矣！远矣！与物反矣！然后乃至大顺。

【释义】

既然已知，不以“智”治国为法式，就应永恒持守，须臾不离，存诚不妄。这就合于清静自然、真常之道的体性。自然真常之道的体性是无名相、无头绪，“视之不见，听之不闻，搏之不得”。其用为德，德之用其量无穷，不可测度，故称“玄德”。“玄德”，又深又远，与有形有象的事物相反。万物以私利为快，昭昭察察以自明。而“玄德”以处其厚，不处其薄，居其实，不居其华。长而不宰，为而不恃，功成不居，此为“玄德”之妙用。道本虚无自然，德合自然无为之体。以此理民，民无不理；以此治国，国无不治。故称“大顺”。

第六十六章

江海所以能为百谷王者，以其善下之，故能为百谷王。

【释义】

最低处，百川皆归，自然而然。江海所以能为百谷王，是因为它居于最下处。

是以圣人，欲上民，以其言下之；欲先民，以其身后之。

【释义】

因此，圣君明王，取法江海善于处下而为百谷王。欲在万民之上，首先应谦虚处下。《周易·谦卦》云："谦亨，君子有终。彖曰：谦亨，天道下济而光明，地道卑而上行，天道亏盈而益谦，地道变盈而流谦，鬼神害盈而福谦，人道恶盈而好谦。谦尊而光，卑而不可逾，君子之终也。"此段的中心意思是说，无论天之道、地之道、人之道、神鬼之道，均宜谦恭卑下，方可亨通永久，方能光明，方能成功。虽处低下，任何事物不能超越它。象曰："劳谦君子，万民服也。"因此，圣人能在人上者，是因为他谦恭自卑，虚心接物；能在人前者，是因为他谦让"不敢为天下先，故能成器长"。故曰："是以圣人，欲上民，以其言下之；欲先民，以其身后之。"

是以圣人处上而民不重，处前而民不害，是以天下乐推而不厌。以其不争，故天下莫能与之争。

【释义】

圣人处上，使万民悦服，所以受人拥戴而不以为重；圣人处前，使万民推崇，所以受人崇拜而不以为害。天下乐举，万民自然不会厌恶和抛弃。因为他处于自然，而非有意去争，所以天下万民没有和他去争的。

第六十七章

天下皆谓我道大，似不肖。夫唯大，故似不肖。若肖，久矣，其细也夫。

【释义】

“道”大无不包，细无不入，不能用形名色象论比。就因为道大，才不能以具体的形象事物论比。如有形象比拟，就成为一个具体的事物了，那“道”就细小了。

我有三宝，保而持之：一曰慈，二曰俭，三曰不敢为天下先。

【释义】

“道”内含着三宝：其一是仁慈。天地万物皆在道的慈爱中生长。其二是俭约。不造作，不妄为，清静、自然、无为。顺乎天，应乎人，任物自然。其三是不自见，不自是，不自伐，不自矜，谦退处下。不以机诈、强暴炫示于事物之先。

夫慈，故能勇；俭，故能广；不敢为天下先，故能成器长。

【释义】

“道”本无为，自然于万物慈，天下事物无不归服于仁慈。以此可不战而胜，不攻而克。道本俭约而无奢侈不节之兆，天地万物皆在无为、俭约中自化。它广大悉备，无所不有，无所不包。“江海处下能为百谷王”，“无名之朴”虽不当器用，但众

"器"皆由朴而出，故称"众器之长"。

今舍其慈且勇，舍其俭且广，舍其后且先，死矣！夫慈，以战则胜，以守则固。天将救之，以慈卫之。

【释义】

项羽勇冠三军，气吞山河，并非不勇。然而，终败亡于乌江。秦始皇筑长城，非不坚固，然而，子婴自降于刘邦，皆因无德所致。这就突出了一个"慈"字，人能体无为之道，怀仁慈之德，天道的运行之序是救助慈善的，并以慈善卫护谦退的。体恤百姓，慈爱万物，以此行于天下，则战必胜，守必固。

第六十八章

善为士者不武；善战者不怒；善胜敌者不争；

【释义】

此章以用兵之道，喻示人们处事接物宜于真诚仁慈，含虚自敛，韬光养晦。以此理事，而事事必理；以此接物，而物物顺应。天道不争而万物自化，圣人不争而万民自归。作为将帅，以修德畜众，不以威武耀示于人，三军自然臣服。项羽在鸿门设宴，暗施埋伏，刀出鞘，弓上弦，武士林立，欲杀刘邦，却被一个手无寸铁的张良所挫败。刘邦心怀仁慈，入咸阳未动一刀一枪，而子婴自缚纳降。刘邦封府库、散宫女、封三秦，以此深得秦民之心。

善用人者为之下。

【释义】

不以己为能，而以国事为重，以万民为上，礼贤下士，恭敬一切，贤能者定能效其力。刘邦筑台拜将，本着一片赤诚之心，感韩信为汉室效力。刘备三顾茅庐，才得诸葛亮匡扶汉室，鞠躬尽瘁。此乃“善用人者为之下”。

是谓不争之德，是谓用人之力，是谓配天，古之极。

【释义】

如能体其真常之道及无为而无不为的自然之德，必能在修身、齐家、治国、理民，以至于处事接物时，皆能随心应手，不争而自得，不劳而自成，贤能者自然效其力。天道的运行，上古的行事，虽有德而不自以为德，更不有意为德。

第六十九章

用兵有言：吾不敢为主[①]而为客[②]，不敢进寸而退尺。

【注解】

①主：无故兴师，首先主动出兵。

②客：不得已而应战。

【释义】

对于用兵之道，古人说过这样的话，“不可恃其强暴而贪图好杀，以佳兵利器而凌加于人。妄动兵戈必败”，“兵者不祥之器，不得已而用之”。如敌人无故用兵于我，则以自卫应之。我用兵虽出于不得已，但仍不敢恃勇妄进。宁愿后退一尺，不敢妄进一寸。

是谓行无行，攘[①]无臂，扔[②]无敌，执无兵[③]。

【注解】

①攘：用力伸臂。

②扔：临敌就敌。

③兵：刀枪剑戟。

【释义】

有道的圣君明王，怀仁慈之德于苍生，看不出行兵的行迹，而四海自然宾服。没有伸出打人的胳臂，但人人畏威。临敌没有杀人之心，而敌人必败。没有操持杀人的刀枪剑戟，但敌人必怕。

祸莫大于轻敌，轻敌则几丧吾宝。

【释义】

恃勇轻敌而好杀，其致祸不浅。如轻敌好杀，无故用兵，恃强妄进者，是丧失了道的“慈”、“俭”、“不敢为天下先”的自然体性。若心不怀好生之德，天道必以灾祸惩罚。

故，抗兵相加，哀者胜矣。

【释义】

两军对阵，在兵力相当的情况下，谁胜谁负，其结果只能是心怀仁慈、哀民痛命、体恤苍生的哀兵获胜。

第七十章

吾言甚易知，甚易行。

【释义】

体清静、虚无真常自然之道以为言，其言本乎“无为”，至为简易，使人最易明晓，最易行持。

天下莫能知，莫能行。

【释义】

“大道甚夷，民甚好径。”人不知易知之言，反而以智虑求奇，巧言令色以乱物性，不走平夷之路，反履崎岖之径。

言有宗。

【释义】

体道之言，有根有据，有纲有领。

事有君。

【释义】

体道之行，有轴有心，有主有宰。

夫唯无知，是以不我知。

【释义】

为什么人不理解我呢？是因为我本自然无为、无事、无欲，非智虑有为而彰之于外；非自是、自伐、自矜而昭之于众。

知我者希，则我者贵。是以圣人被褐怀玉。

【释义】

道本虚无自然，无有形迹。那么，理解我的人就不多。因为知道我的人少，我才珍贵了。因此，体现真常自然之道的圣人，“处其厚不处其薄；居其实不居其华”。我身外表虽破旧，但内心却存着珍贵的“道德”。

第七十一章

知不知，上。不知知，病。夫唯病病，是以不病。圣人不病，以其病病，是以不病。

【释义】

太阳高悬于空，普照万物，上下四方无不透彻。明道圣人，恬淡自养，不露聪明，不显机智，好似无知一样，这才是上知，是谓“知不知，上”。常人不然，如火炬在暗室，只照一角，而自以为亮。以小知自见、自是、耀人眼目。本来无知，而自以为有知，是谓“不知知，病”。谁将强不知以为知当做病，那他就不会有强不知以为知的毛病了。明道的圣人，为什么没有这种强不知以为知的毛病呢？就是因为他们把强不知以为知当做病，所以才不会有这种毛病。

第七十二章

民不畏威，则大威至。

【释义】

“祸福无门，唯人自招。善恶之报，如影随形”，“天网恢恢，疏而不失”。常人为其贪生之厚，恣情纵欲，无所不为，不知“大小过恶，各有所归”，急如风火，形影紧随。“以小恶为无伤而弗去”。久而久之，是以恶积而不可掩，罪大而不可解，乃至杀身之祸临头。

无狎其所居，无厌其所生，夫唯不厌，是以不厌。

【释义】

既知天理昭昭，毫厘不差，只有修道德，上顺天理，下符人心，中应万事，方可无所不周，无所不宜。不敢处于背理徇私、利欲妄为的窄狭之地，以免天道惩罚。重养自我天真，恬淡世情，不可因贪生之厚，胡作非为，遭刑法而致命。人不轻生，而能享尽天年，是因为不因求生之厚，不轻易抛弃自己的生命。

是以圣人自知不自见，自爱不自贵，故去彼取此。

【释义】

圣人涵养其知，不以机智彰示于外，而能爱其自我本来的天真，谦恭处下，不自我尊贵。

第七十三章

勇[1]于敢[2]则杀[3]；勇于不敢[4]则活[5]。知此两者，或利或害。天之所恶，孰知其故？是以圣人犹难之。

【注解】

①勇：坚守德行，操持德行，中立不倚，和而不流。

②敢：刚强横暴，鲁莽用事，贸然进取，“暴虎冯河”之属。

③杀：任血气之刚，尚主观，用义气，不但于事无益反而伤身害己。故黄帝说“小人得之轻命”亦指此言。

④不敢：抑其血气之刚，建其德义之勇，审时度势，谋划周密之类。

⑤活：以正道行事，德意处世。谨慎周谋，与事有成，保全生命。

【释义】

逆正道，悖常情，逞刚强。莽撞用事，贸然进取，轻生粗暴者，不是遇毒手以伤身，便是因超常而殒命。故曰：“勇于敢则杀。”

临事审慎，谋划周详，谦谨慎行，天下共服，人们拥戴，与事有成，保全生命。经中讲的“勇于不敢则活”，即此意也。

天之道，不争而善胜；不言而善应；不召而自来；绰然而善谋。天网恢恢，疏而不失。

【释义】

四时运行，有生有杀。秋冬不争，万物自然凋零而收藏；春夏不言，自然冰消雪融，万物生长。不须召唤，寒暑交递，昼夜往来。天道运行，宽缓平易，万物自然而生化。由此说明天道的运化规律，自然法网的孔虽大，却粒米不漏。“勇于敢则杀”，“勇于不敢则活”。或正或邪，或善或恶，无论大小多少，只要为下，定有所报。

第七十四章

民常不畏死，奈何以死惧之？若使民常畏死而为奇者，吾得执而杀之，孰敢？

【释义】

犯分越理的凶顽之徒，习性恶劣，内心奸诈，行事蛮横，根本不怕遭惩罚。既知如此，怎么能以国法、禁令去威吓他呢？对这类不怕天道惩罚的凶顽之徒，究竟如何惩处才好呢？以死刑将他处斩于市，以彰法令，行吗？那些犯分越理、违法乱纪之人，为了避免当时的杀身之祸，可以勉强暂时不敢作案，但他会待机而动。这不是万全之策。

常有司杀者杀。夫代司杀者杀，是谓代大匠斫。夫代大匠斫，希有不伤其手矣！

【释义】

“天生天杀，道之理也。”违法乱纪的刁顽横行者，必将自行入于死地。只要干下坏事，一个也逃不脱。天道是一张恢恢的法网。执政者以刑律处杀，往往出之于私情，处杀未必公道。所以，狱中必有冤囚。这就好像代替主管杀人的人杀了人。这样做，好比不会木匠手艺，却去代替巧匠斫木一样，必有失误。

此章经义是说，对于习性恶劣、不怕死的愚顽之徒，不能只靠刑法恐吓他们，必兼之以德化，教之以道义，使之晓天理昭昭而不可违，良心不可昧，从而使他们能够自我省悟。

第七十五章

民之饥，以其上食税之多，是以饥。

【释义】

圣君明王治天下，随物自然而无为。有的执政者，贪其享乐，奢侈不节，只求宫廷豪华，征民役而修宫室，恣耳目以求声乐，纵科派之条，横征暴敛，不恤民之饥寒，民遭饥馑之患者，盖因于此。

民之难治，以其上之有为，是以难治。

【释义】

百姓为什么难治呢？是因为执政者政令繁苛，任意妄为至甚，故难治。

民之轻死，以其求生之厚，是以轻死。

【释义】

有的人为什么享不尽天年而中途夭亡呢？其原因有二：一是求其生存与厚享，操劳过度，以致精神疲惫，气血枯竭，故早死去；二是因求生之厚，分外贪求，以致触犯刑法而丧命。求生愈厚，其死愈快。

夫唯无以生为者，是贤于贵生。

【释义】

求生者，反至于死。厚生者，反至轻生。唯有存心养性，恬淡世情，“外其身而身存”者，不求生，反而长生。

第七十六章

民之生也柔弱，其死也坚强。万物草木生也柔脆，其死也枯槁。

【释义】

刚出生的婴儿，心性纯素，肢体柔软，时时趋向于生长。在年长时，情欲繁多，气血枯竭，筋骨僵硬，逐渐转化于死。万物草木亦然。在幼小时枝杆柔弱，趋向于生长，在将近死的时候，枝叶枯槁。

故坚强者死之徒，柔弱者生之徒。

【释义】

所以，坚强者是属于死的一类，柔弱者是属于生的一类。

是以兵强则不胜，木强则折。

【释义】

因此，行兵布阵，应心怀仁慈，顺天应人，不可持强暴而横行。倘若贪杀恃强，不得人心，必然败亡，犹如干枯的草木一样，一折就断。

强大处下，柔弱处上。

【释义】

由此可知，坚强者实则居下，柔弱者实则居上。

第七十七章

天之道，其犹张弓与？高者抑之，下者举之，有余者损之，不足者补之。

【释义】

天道运行，不偏不倚，至为公平。就像张弓射箭一样，过高了就压低一些，过低了就抬高一些，多余的减去，不够的补足，直到达到适宜合理为止。

天之道，损有余而补不足。人之道，则不然，损不足以奉有余。孰能以有余奉天下？唯有道者。

【释义】

天之道，是减损有余的而补充不足的，使二者中和平衡，消灭差别。人之道，则相反，是减损不足的而奉给有余的，不是雪中送炭，而是锦上添花。

谁能减损有余的豪富而救济不足的贫困者？只有有道和“替天行道”的人才会这样做。

天道是“中平”。人道相反，是“两极分化”。只有防止两极分化，消灭悬殊的贫富差别，均贫富，等贵贱，方能合乎天道。这是社会发展的必然规律。

是以圣人为而不恃，功成不处，其不欲见贤。

【释义】

因此，有道的圣人为天下谋福利而不自以为是，做出了伟大的成就而不居功自傲，谦虚谨慎，含光内敛，从来不愿彰示自己的功劳和才干。

本章以射箭为喻，阐明了天道是中平适宜。人类的行为只有合乎这一原则，才能与道合真。

第七十八章

天下柔弱莫过于水，而攻坚强者莫之能胜，其无以易之。

【释义】

天下的东西没有比水更柔弱的。水在方为方，在圆为圆，染红则红，染蓝则蓝，去高就下，顺其自然。可谓柔之至，弱之极。然而攻克坚强的力量没有什么东西能胜过它。水斩关夺道，决堤冲坝，穿石毁物，无坚不摧，无所不至。它的这种性能没有什么东西能改变。

故，柔胜刚，弱胜强，天下莫不知，莫能行。

【释义】

水至柔至弱，却可以战胜任何坚固强大的东西。天下的人莫不知道“柔弱”的妙用，却很少有人以此修身、治国、行万事。

体性至柔，其用至刚；体性至弱，其用至强。常人大都懂得这个道理，实行的人却很少。

是以圣人云：“受国之垢①，是谓社稷主；受国不祥②，是谓天下王。”

【注解】

①垢：屈辱。

②不祥：灾患。

【释义】

因此，圣人说：“能承受全国的屈辱，才配做国家的君主，能承受全国的灾患，才有资格做天下的君王。”

大禹为天下人民生息治水，三过家门而不入，千辛万苦，百姓拥戴。其命没，而民如丧其考妣（父母）。周武王为天下共怨征讨，将自身生存置之度外，罹受无数艰难，方才四海投归，天下共服。

正言若反。

【释义】

柔的能够克服刚，弱的可以战胜强，能承受屈辱、灾患的人才配做天下王。这好像是在说反话，是在颠倒黑白。其实，这才是符合实际的至理名言，是颠扑不破的真理。

第七十九章

和大怨，必有余怨。安可以为善？

【释义】

人若利欲熏心，争权夺利，尔虞我诈，互相攻伐，必结怨结仇。即使设法和解了重大的怨仇，心中还会遗留余恨。种了怨，再和解，这怎能算做最根本、最妥善的办法呢？

是以圣人执左契而不责于人。故有德司契，无德司彻。天道无亲，常与善人。

【释义】

人若能去掉私欲和分外的贪心，充其自然之善，不求和怨而怨自和。契者，是借财物的文约，一张分为两半，左半张由债权者持留，右半张由债务者收存。债务按期还债时，必持右半张与左半张相对以求信。始借时借债者必然感激出借者，还债时仍由借债者自行持约偿还。不论借与还，均非出借者有意求和，如此岂有致怨之处？所以有德者好比债权者持左契一样，先施惠于人，使人在无形中感恩戴德，不求和而自和。无德者，如同收税的，原未施于人，却向人索取，必致万民恨之在心，怨之在口。

天道公正无私，无所偏爱，对任何人一视同仁。种恶得恶，种善得善，总是惩罚恶者，救助善者。

第八十章

小国寡民。使有什伯[①]之器[②]而不用，使民重死而不远徙[③]。虽有舟舆[④]，无所乘之；虽有甲兵[⑤]，无所陈之；使民复结绳而用之。

【注解】

①什伯：十、百。

②器：军械。

③徙：迁移。

④舟舆：战船、战车。

⑤甲兵：披甲戴盔，全副武装的士兵。

【释义】

国家要小，人口要少。要立大国，创霸业，必然会发动战争，互相兼并，互相残杀，给天下人民带来灾难。天下有道，各安本分，国小就小，民少就少，根据各自国情治理。互不侵犯，和谐相处，则不会有战争。没有战争，刀枪铠甲没有用场。使民各安本分，不贪身外之物，保重自己的生命。不因分外贪求领土以争斗，虽有战车和战船，亦无用处，虽有甲兵，亦无所陈。使民享受淳厚素朴的天然之乐，就像上古结绳记事时代的淳朴之风。

甘其食，美其服，安其居，乐其俗。邻国相望，鸡犬之声相闻，民至老死不相往来。

【释义】

各地根据各自所处的地理、物产，享用自产的粮食就感香甜可口，身穿自制的服装自觉舒适美好，居于自建的房舍就感心安理得，各处实行自己的风土民俗就感自乐。这是一种自给自足的自治体，在这种自治体中，没有贫富之分，没有贵贱之别，各尽所能，各得其所，人与人之间和睦相处，国与国之间相安无事，只闻见鸡鸣狗叫的自然之音，永无战马嘶鸣之声。天下太平，万民康乐。

第八十一章

信言不美，美言不信；善者不辩，辩者不善；知者不博，博者不知。

【释义】

有德之人，外行庄重，内心真诚，其言诚实而真朴，并不悦耳动听；无德之人，外行轻躁，内心狡诈，其言动听悦耳，却未必真实可信。

有道的人，德充其内，含光内敛，不哗众取宠；无道的人，自作聪明，口巧舌辩，却未必诚善。

体道之士，深明万物之性，宇宙玄理，他们执本驭末，执简驭繁，举纲张目，而不奔逐于外，追逐粗浅的外在之学，有其知而未必博；博学的人，知其末而不知其本，知其徼而不知其妙，此虽博学，未必是真知。

圣人不积。既以为人，己愈有；既以与人，己愈多。

【释义】

圣人不积攒财货，无所保留，他们为百姓做的贡献越大，自己感到越满足；给予百姓的越多，自己感到越富有。

天之道，利而不害；圣人之道，为而不争。

【释义】

天道自然，生养万物而不宰制，有利于万物而不加害。圣人之道，为万民造福而不求报，为天下奉献而不索取。

附录

释“道”的十大特征

道德特征颇多，其中有十个主要方面。现分析于下：

一、虚无

虚无是道的本体常态，一切形象世界都是从虚无中化生出来的，最后仍归于虚无，“实”、“有”只是大道在局部空间中暂时的形态。虚无者不受时间空间限制；实有者有形有象、有始有终而不能长住。虚无者正以其虚无而蕴含无限的可能性和长久性，故道教经典中对道有这样的描述，“是有非有，是无非无，是色不色，真空不空”，“大道洞玄虚”，“虚无之妙道”。本经内对道体的描述是：“视之不见名曰夷，听之不闻名曰希，搏之不得名曰微。此三者不可致诘，故混而为一。其上不皦，其下不昧，绳绳不可名，复归于无物，是为无状之状，无物之象，是谓惚恍。迎之不见其首，随之不见其后”，“夫唯大，故似不肖，若肖，久矣，其细也夫”，意即：道强大，它没有具体的形象，若有具体的形象，那就把道说得细小了。

二、自然

自然是大道运化万物的过程。大道生化万物，不假外力，自己如此，故为自然。道是整个世界，说它“大”，“其大无外”，说它“小”，“其小无内”，但总是一体。它就是它自己，独立无朋，“独立而不改”。各种物质现象，都按一定的规律生生灭灭而发展。日中则昃，月满自亏；春生夏长，秋收冬藏；鱼在水中游，兽在山中跑，鸟在空中飞。“民食刍豢，麋鹿食荐，蝍蛆甘带，鸱鸦耆鼠”。种瓜得瓜，种豆得豆。心地动善机，结福果；动恶机，结祸果等均自然也，皆不可用自己的主观意志发号施令改变和指使。

三、清静

清静者无中生有，静中生动。故清静者是大道的本性，是万物的本始和归宿，也是对修道者的最高要求。故道教经典中往往见到“常清常静”，“清静真一，不二法门”，“真心清静道为尊”等对道性的命名。《庄子·天道篇》中说：“圣人之静也，非曰静也善，故静也；万物无足以铙其心者，故静也。水静则明烛须眉，平中准，大匠取法焉。水静犹明，而况精神！圣人之心静乎，天地之鉴也，万物之镜也。夫虚静、恬淡、寂寞、无为者，天地之平而道德之至，故帝王圣人休焉。”《文子·缋义》中说：“天清地静故能长久，圣人以清静为治者法天地也。心清静则内合乎道，体静则外同乎人，是以不出户而化也。”以上均是对道清静的本性的阐述。

四、无为

无为是大道之性能，自然之功用，顺物之性，附物之情，因任自然，依从着事物固有的规律辅之以自然，而不是强作妄为之意。这和背理徇私，侥幸造次，节外生枝，妄生事端的随心所欲、任意所为截然不同。“无为”并不是一无所为或者无所作为，更不是消极、厌世的、不主张发挥人的主观能动性的不为，而是大有作为、大有成功、谁也比不上的大为。老子在本经中将此

“无为而有大为”这一命旨曾多次讲得很透彻。如：六十四章“为之于未有，治之于未乱”，三十七章“道常无为，而无不为”，五十七章“我无为而民自化”，二十九章“天下神器，不可为也。为者败之，执者失之”，二十四章“自见者不明，自是者不彰，自伐者无功，自矜者不长”，六十三章“为无为”，六十六章“是以圣人欲上民，必以言下之。欲先民，必以身后之。是以圣人处上而民不重，处前而民不害，是以天下乐推而不厌。以其不争，故天下莫能与之争”，八十一章“圣人不积。既以为人己愈有，既以与人己愈多。天之道利而不害，圣人之道为而不争”。《庄子·至乐篇》：“……天无为以之清，地无为以之宁。故两无为相合，万物皆化。芒乎芴乎，而无从出乎！芴乎芒乎，而无有象乎！万物职职，皆从无为殖。故曰：天地无为也，而无不为也。”《庄子·天道篇》：“夫帝王之德，以天地为宗，以道德为主，以无为为常。无为也，则用天下而有余；有为也，则为天下用而不足。故古之人贵夫无为也。上无为也，下亦无为也，是下与上同德，下与上同德则不臣……故古之王天下者，知虽落天地，不自虑也；辩虽雕万物，不自说也；能虽穷天下，不自为也。天不产而万物化，地不长而万物育，帝王无为而天下功。”《庄子·在宥》：“故君子不得已而临莅天下，莫若无为。无为也而后安其性命之情。”以上均是对无为而无不为的阐述。由此足证老子所说的“无为”不是消极的，更不是无所作为，而是大有作为的。

五、纯粹

纯粹是独一笃厚，纯一不杂，精美无瑕，净洁无垢，无丝毫秽污渣滓之意。道“虚”而“大”，窈窈冥冥，混混沌沌，但那是纯然一体，不杂别物，正因如此才不害其空灵妙用。宇宙的本质不在于复杂性和多样性，而在于纯粹性、简单性和万能性。

六、素朴

素朴又是道的另一层属性，粉面、涂唇、烫发、描眉皆非素也，雕琢、刻削、异器非朴也。素是一切事物未经众色彩绘渲染的本色，朴是一切器物浑全未破的原质。

七、平易

平易：平者平夷，易者简易。从始到终是一个过程，在这个过程中，道路是平坦的、宽阔的，通过的方式是简单易行的。从无极到有极的过程就是这样，从有天地到生万物的过程也是如此。《易传》云：“乾以易知，坤以简能。”天道生万物，地道养万物，都顺应自然，不是有为造作，看起来不搞什么运动，但万事万物都出现了，这个“平易”便体现着“无为”。人要成道，同样也只需要在平坦的路上随便走就行了。老子说：“大道甚夷，而人好径。”盖是此意。

八、恬淡

恬淡是恬静、清淡之意。恬静者，悠闲自在，清淡者，少私寡欲。老子曰：“道之出口，淡乎其无味。”大道的运行是至简至易的，看起来无所事事，不急不躁，但却“不为而成”。凡俗过客则不然，他不知虚无清静的妙处，酒色财气，乐此不疲，内脏百骸不得调理，心中烦恼也自不绝，结果一生愁苦，难得善终。

九、柔弱

“反者道之动，弱者道之用”，道是以柔弱为“用”的。视之不可见，听之不可闻，搏之不可得，空若无物，非柔弱而何？万物既生，才有刚体，故柔弱是刚强的根本，“柔弱胜刚强”，“天下之至柔，驰骋天下之至坚”，“柔弱者生之徒，刚强者死之徒”。刚柔之物不会长久，最终仍归于柔弱，因为柔弱也是道的特征。柔弱的东西包容了刚强的东西，而刚强的东西无论如何损伤不了柔弱的东西，因为它无处着力，犹如抽刀断水水更流。

十、不争

大道是“不争”的，它不刻意追求和竞争什么，它拥有一切，而且这一切的出现与消失的结果都不是它“争”的结果，更不会有什么东西跟大道相争。说浅显一些，人也是这样。希望占有某些东西的人，往往不能占有，不希望占有的人才会得到。你处后处下，别人才会信任，才会让你居前居上，当然“不争”还有更深的含义，还有更大的作用，那就是与道同体，无为而无不为。那时人与道合一，什么都不需要，而什么都有。这种效果的得到又非常简单，只需贯彻“不争”二字，一争反倒失去了。

图书在版编目（CIP）数据

道德经释义 / 任法融 著. —修订本. —北京：东方出版社，2012
ISBN 978-7-5060-4602-2

Ⅰ. ①道…　Ⅱ. ①任…　Ⅲ. ①道家 ②《道德经》—注释　Ⅳ. ①B223. 12

中国版本图书馆 CIP 数据核字（2012）第 057152 号

道德经释义（修订版）
（DAODEJING SHIYI）

作　　者： 任法融
责任编辑： 贺　方　王　萌
出　　版： 东方出版社
发　　行： 人民东方出版传媒有限公司
地　　址： 北京市西城区北三环中路 6 号
邮政编码： 100120
印　　刷： 万卷书坊印刷（天津）有限公司
版　　次： 2012 年 7 月第 1 版
印　　次： 2022 年 8 月第 8 次印刷
开　　本： 880 毫米×1230 毫米　1/32
印　　张： 6. 125
字　　数： 63 千字
书　　号： ISBN 978-7-5060-4602-2
定　　价： 38.00 元
发行电话：（010）85924663　85924644　85924641